AF620051

RECHERCHES HISTORIQUES

SUR LES

ENSEIGNES

DES MAISONS PARTICULIÈRES.

Page

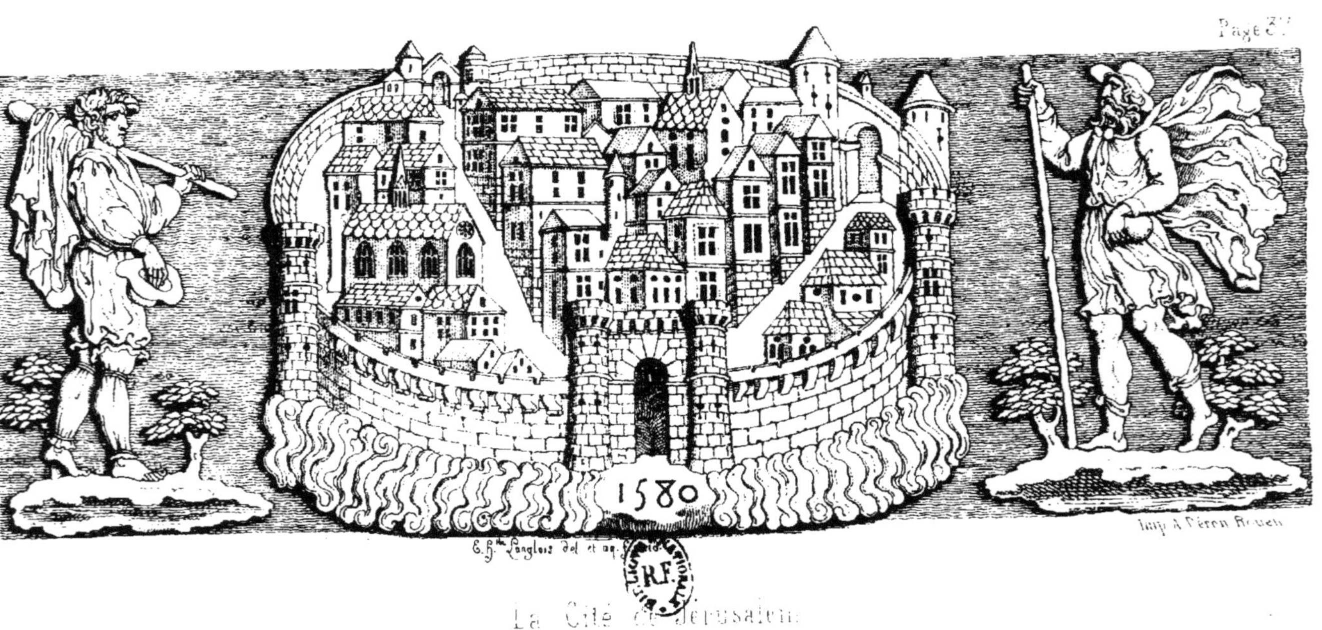

E. H.te Langlois del. et aq.

Imp. A. Péron Rouen

La Cité de Jérusalem

RECHERCHES HISTORIQUES

SUR LES

ENSEIGNES

DES MAISONS PARTICULIÈRES,

Suivies de quelques inscriptions murales prises en divers lieux,

ORNÉES D'UNE PLANCHE ET DE 27 SUJETS GRAVÉS SUR BOIS,

PAR E. DE LA QUÉRIÈRE;

Auteur de la *Description historique des Maisons de Rouen les plus remarquables par leur décoration et par leur ancienneté; etc.*

Membre des Sociétés des Antiquaires de France, de Normandie et de Picardie; de l'Académie des sciences, belles-lettres et arts de Rouen, de la Société libre d'Émulation de la même ville, et de plusieurs autres Sociétés littéraires et archéologiques.

A PARIS,

Chez Vor Didron, libraire, rue Hautefeuille, nº 13.

A ROUEN,

Chez François, libraire, rue de la Grosse-Horloge, nº 45.
Herpin, libraire, rue Ganterie, nº 18.
Lebrument, libraire, quai Napoléon, nº 45.

1852.

Rouen. — Imp. de A. Péron.

AVANT-PROPOS.

La *Description historique des Maisons de Rouen* est, à proprement parler, l'histoire des habitations du moyen-âge et de la renaissance.

L'*Essai sur les Décorations des anciens combles et pignons* est venu compléter cette monographie.

Aujourd'hui, nous croyons pouvoir dire, en quelque sorte, notre dernier mot sur une matière qui, pendant plus de trente années, a été l'objet spécial de nos recherches et de nos études.

Le sujet qui nous a occupé en dernier lieu, les *Enseignes*, est entièrement neuf au point de vue de l'art et de la curiosité historique.

Nous avions par devers nous bon nombre de ces inscriptions latines ou françaises que nos pères se plaisaient à graver sur les murailles de leur logis; nous avons pensé qu'elles pouvaient naturellement se placer comme appendice à la suite de ce mémoire sur les *Enseignes*.

Nous n'avons pas cru devoir mentionner de nouveau les inscriptions que notre *Description des Maisons de Rouen* a reproduites. Nous nous contenterons d'y renvoyer le lecteur, qui en trouvera un certain nombre réunies dans l'introduction du tome deuxième.

La *Description des Maisons de Rouen*, l'*Essai sur les Décorations des anciens combles et pignons*, et notre travail sur les *Enseignes* forment, pour ainsi dire, un traité qui embrasse tout ce qui peut se rattacher à l'architecture domestique des XVe, XVIe et XVIIe siècles. Bien loin de nous la prétention de le croire complet; il y aurait certainement encore beaucoup à y ajouter.

Par exemple, nous n'avons pas parlé en détail

de la décoration des pignons ou *gables*, comme disent les Anglais. Mais un artiste de cette nation (1) a traité à fond ce sujet ; il a de plus enrichi son texte d'un grand nombre de planches, parmi lesquelles se trouvent des modèles pris en France, à Abbeville (2), et, jusqu'à un certain point, nous ne pouvions guère que le copier.

Les cheminées, soit de briques, soit de pierres, qui s'élèvent au-dessus des faîtages, n'ont pas échappé, non plus, à notre attention. Nous en dirons autant des lucarnes ou petites fenêtres décorées, qui sont comme les points culminants des façades. Mais comment, sans le secours du dessin, faire entrer dans l'esprit du lecteur l'idée de lignes, de formes et d'ornements inhérents à une nature de constructions qui se classent tout à fait à part ?

Depuis un quart de siècle, le public avait accueilli avec une faveur marquée les ouvrages

(1) M. A. Pugin, dont le père était français et architecte, dans un livre intitulé : *A series of ornamental timber gables.* London, 1831, in-4°.

(2) A Abbeville, on voit, rue des Lingers, trois pignons contigus extrêmement curieux ; un autre aussi très richement sculpté appartient à une maison sise rue du Moulin-du-Roi, en face de l'église Saint-Wulfran.

d'archéologie qui, de tous côtés, s'étaient offerts à sa curiosité; mais il semble que son empressement se soit refroidi. C'est pourquoi, aujourd'hui, les auteurs hésitent à s'engager dans des dépenses de planches gravées qui pourraient leur devenir très onéreuses. Nous laissons donc à d'autres le soin de remplir les lacunes que l'on peut remarquer dans nos diverses publications archéologiques.

Une série de circonstances et de hasards nous a fait successivement prendre la plume, et heureusement encore assez à temps pour pouvoir constater l'existence, dans la ville que nous habitons, de façades intéressantes ou de parties de décoration curieuses et rares. Chaque année en voit le nombre se réduire, à ce point que cette multitude d'anciens édifices civils et de maisons particulières, dont se composaient nos vieilles cités, aura presque totalement disparu avec la génération qui s'élève. (1)

En nous livrant à ces divers travaux, nous croyons avoir rendu service à l'art et à nos concitoyens. Nous nous demandons, trop naïvement

(1) Dans le moment même que cet ouvrage était sous presse (1851), l'Enseigne de *la Samaritaine*, dont nous donnons le dessin gravé, a été détruite, nous ne savons pour quel motif, ainsi que la façade en pierre qu'elle décorait, et qui a été remplacée par un pan de bois plâtré.

peut-être, qui aurait pris la peine de relever et de décrire, aussi minutieusement que nous l'avons fait, tous ces détails d'architecture et d'ornementation qui ne nous ont laissé, après tout, que la satisfaction d'avoir fait une chose bonne et utile, une chose dont l'avenir nous saura probablement quelque gré ?

Nous remercions cordialement nos amis et toutes les personnes qui ont bien voulu nous aider de leur obligeante coopération, pour les indications et les documents qu'ils nous ont procurés, et nous les prions d'accepter ici le témoignage de notre reconnaissance.

RECHERCHES HISTORIQUES

SUR

LES ENSEIGNES

DES MAISONS PARTICULIÈRES.

Chez les anciens, chaque marchand, pour attirer les regards sur sa boutique, et la faire mieux connaître, plaçait, sur la façade de sa maison, une Enseigne composée, pour l'ordinaire, d'un tableau grossièrement peint, avec de la cire rouge, et représentant un combat, une figure hideuse, ou les objets de son commerce. Quelques Enseignes étaient sculptées.

Les villes d'Herculanum et de Pompeï, sorties de leur ensevelissement, nous ont transmis des types curieux et significatifs. (Voyez le *Magasin pittoresque*, an. 1836, p. 93).

Nous citerons de Pompeï les deux Enseignes suivantes, dont nous donnons la gravure.

La première était placée à la porte de la boutique d'un marchand de vin ou tavernier :

Deux esclaves portent à la ville une amphore pleine de vin. Les sculptures sont de relief, en masse et coloriées sur la terre cuite.

La seconde, de même fabrique, représente une chèvre; malheureusement la peinture en est effacée, et l'inscription qui la caractérisait est tombée avec l'enduit sur lequel on l'avait peinte. Il y a lieu de penser que c'était l'Enseigne d'un marchand de fromage ou de laitage. Ces Enseignes ne devaient pas être particulières à un seul marchand, puisqu'elles étaient faites au moule. Il y a apparence que chacune d'elles était affectée à un genre de profession. Au-dessous de ce tableau on dut écrire, sur l'enduit, le nom du marchand, comme on le voit en différents endroits de Pompeï. (Voyez *les Ruines de Pompeï*, par F. Mazois, page 88, pl. 46.)

On voit aussi à Pompeï, dans l'île des Bains, à la porte d'un maître d'armes, ou professeur de gladiateurs, une peinture représentant deux combattants.

Un maître d'école avait pour Enseigne un enfant recevant le fouet. (*Mag. Pittor.*, an. 1836, p. 93.)

Dans les temps modernes, les mêmes intérêts

ont donné lieu aux mêmes usages. Nous devons ajouter que très souvent les Enseignes ont été employées uniquement comme signes indicatifs des habitations particulières. Le numérotage des maisons ne date que de la fin du siècle dernier.

Ainsi, dans un manuscrit de l'année 1645, contenant la déclaration des rentes dues à l'archevêque de Rouen sur les maisons de Dieppe, nous trouvons, entr'autres maisons, celles qui sont désignées par les Enseignes suivantes, savoir :

La Ville d'Anvers (On voit encore aujourd'hui même à Dieppe, à l'intérieur de la maison nº 31, quai Henri IV, un bas-relief en bois, de deux mètres de large sur soixante-six centimètres de haut, au-dessous duquel on lit l'inscription : LA VILLE D'ANUERS, avec le millésime de 1697.); *La Bonne-Rade, la Bête-Vêtue, la Barbe-d'Or, le Grand-Sauvage, le Mouton-Rouge, la Fleur-de-Lys, Notre-Dame de Boulogne, le Pot-d'Étain, Marion Turpin* (quand il n'y avait pas d'Enseigne, on rappelait le nom de la famille qui avait fait bâtir la maison); *la Folie* (maison), *le Rossignol, le Mouton-d'Or, la Croix-d'Or, l'Écu-de-France, le Vase-d'Or, la Ville-de-Londres, le Pélican*, *la Lanterne*, *la Croix-Blanche*, *les Éperons*, *l'Aigle-d'Or*, *le Cheval-Blanc*, *la Coupe-d'Or*, *le Grand-Porc-Espy*, *le Petit-Porc-Espy*, *l'Age-d'Or*, *les Trois-Boursettes*, *la Croche-Noire* (Crosse), *le Gros-Chouquet*, *la Tête-Noire*. (1)

La maison du célèbre Ango, négociant-armateur de Dieppe, était connue sous le nom de *la Pensée*, en souvenir d'un des deux vaisseaux à lui appartenant, qui, sous la conduite de Jean Parmentier, firent, en 1529, le voyage à l'île de Sumatra, d'où ils revinrent avec un riche chargement d'épiceries. (2)

Les archives municipales, et surtout les actes du tabellionage nous révéleraient une longue série d'Enseignes dont nous nous abstiendrons de parler, pour ne pas entrer dans des détails fastidieux.

Sous le titre de : *Échantillons curieux de statistique*, Ch. Nodier, dans une de ses notices publiées en 1835, et réunies en un volume in-8°,

(1) Archives du département de la Seine-Inférieure. Documents communiqués par M. Barabé, archiviste.

(2) *Recherches sur les Voyages et les Découvertes des Navigateurs Normands en Afrique*, par L. Estancelin, p. 51.

rappelle un certain nombre d'Enseignes des tavernes de Rouen, dont un édit du Parlement de Normandie, de la fin du XVIe siècle, avait interdit l'entrée aux habitants de la ville, défendant à ceux qui les tenaient ouvertes *d'asseoir* désormais *aucun homme du lieu :*

« Il y avait, dit-il, au bout du pont : *le* « *Croissant* (1), *la Lune*, *l'Ange*, *les Degrés*, *les* « *Flacons* et *l'Image Saint-François*.

« Il y avait sur les quais : *l'Espée*, *le Baril-* « *d'Or*, *le Trou-du-Grédil*, *le Penneret* (ou Pavil- « lon), *l'Éléphant*, *l'Agnus Dei* (2), *le Hable*, *le* « *Cerf*, *le Gros-Denier*, *le Moustier*, *l'Esturgeon*,

(1) Cette maison est indiquée avec son Enseigne sur les plans du précieux et très curieux *Manuscrit des Fontaines de Rouen*, dont M. de Jolimont a publié des *fac simile* reproduisant les originaux avec la plus scrupuleuse exactitude. Elle se trouvait en ville près de la porte Grand-Pont, à la place où le Théâtre-des-Arts a été construit.

(2) Une maison de l'*Agnus Dei*, est désignée ainsi sur les plans dont nous venons de parler, rue Saint-Vincent, à l'angle de la rue de la Vicomté. Elle a été rebâtie en 1542, et M. Barabé, archiviste du département, a découvert que cette maison avait été reconstruite par Robert Becquet, architecte de l'admirable pyramide de la cathédrale de Rouen, qui fut brûlée par le feu du ciel le 15 septembre 1822.

« *le Daulphin*, *le Chauderon*, *le Hola du Bœuf*, *la* « *Chasse-Marée*, *le Grand-Moulin* et *la Fontaine-* « *Bouillante*.

« Il y avait au port du salut : *le Salut-d'Or*, *la* « *Pensée*, *la Teste-Sarrazine* (1), *la Verte-Maison* « et *les Pelottes*.

« Il y avait au pied du mont Sainte-Catherine « ou aux environs, *l'Image Sainte-Catherine*, « *le Petit-Lion*, *la Salamandre* (2) et *le Chape-* « *ron*.

« Il y avait près de la halle : *la Teste-Dieu*, *la* « *Croix-Verte* (3), *les Saulciers*, *l'Ours*, *le Cou-* « *lomb* (ou Pigeon), *la Coupe*, *la Fleur-de-Lys*,

(1) La rue *Sarrazine*, appelée aujourd'hui rue des Iroquois, tirait bien certainement son nom de cette Enseigne. La place qu'elle occupe sur les plans du *Manuscrit des Fontaines* ne laisse aucun doute à cet égard.

(2) La rue de *la Salamandre* communique de la rue du Bac à la rue de l'Épicerie ; de plus, une maison rue Eau-de-Robec, nº 15, offre sur la clé de voûte de la porte une *Salamandre* sculptée, avec la date de 1601.

(3) Près de la place Saint-Ouen, un bout de rue s'appelle de ce nom.

« *la Barge* (1), *l'Écu-de-France*, *le Grand-Grédil*,
« *le Loup*, *la Hache* et *la Hure*.

« Il y avait, sur Robec : *la Pelle*, *les Avirons* (2), « *le Chaperon-Saint-Nicaise*, *le Coq*, *les Ba-* « *lances*, *la Petite-Taverne*, qui était particulière- « ment fréquentée par les jeunes gens de mau- « vaise conduite; *l'Escu-de-Sable*, *l'Agnelet*, *le* « *Pot-d'Étain*, *le Rosier* (3), *la Rose*, *le Moulinet*, « *la Chèvre*, *les Maillots*, *les Signots*, *les Vitte-* « *coqs*, *Saint-Martin*, *la Cloche* (4) et *l'Arbre-* « *d'Or*.

« Il y avait, au Marché-Neuf : *les C.quilles*, *le* « *Petit-Pot*, *le Pelerin*, *la Tour-Carrée* et *la Croix-* « *Blanche*.

(1) La maison de *la Barge* existe encore rue Grand-Pont; elle porte le nº 36. L'Enseigne en relief, que nous avons eue en notre possession, a été transportée par nos soins au Musée d'Antiquités du département. Elle surmontait le pignon de la porte surbaissée, à moulures gothiques du xvᵉ siècle. Elle représente une barque, la voile enflée, et voguant sur les flots agités.

(2) La rue des Avirons débouche dans la rue Malpalu.

(3) Les rues du *Rosier*, de *la Rose*, de *la Chèvre*, du *Moulinet* et des *Maillots* existent encore aujourd'hui.

(4) La maison rue Ganterie, nº 75, était appelée *la Cloche d'argent*.

« Il y avait, près de Beauvoisine : *le Chapeau-« Rouge*, *la Bonne-Foi*, *les Trois-Mores* (1), *le « Lièvre*, *l'Estrieu*, *le Barillet* et *la Pierre*.

« Il y avait *la Pomme d'Or*, près de la Porte « Cauchoise, et on avait laissé ouvertes aux Cau-« chois les tavernes de Saint-Gervais.

« Quant à *l'Image Saint-Jacques*, elle fut pri-« vilégiée. Il paraît qu'elle eut le précieux mono-« pole des Triballes (2).

« Je dois, continue Ch. Nodier, tout bon-« nement cette érudition de haut goût à la lec-« ture d'un mauvais *bouquin* de huit feuillets, « très petit in-8°, imprimé par Jacques Aubin, à « Rouen, où il se vendait au portail des Librai-« res, chez Jehan du Gors et Jaspar de Remor-« tier. Ce livre, en rimes fort maussades, a pour « titre un quatrain qui suffira pour donner une « idée du talent poétique de l'auteur :

« *Le Discours* demonstrant sans feincte
« Comme maints Pions font leur plainte

(1) *Les Trois-Mores* ou *Maures*, sont l'Enseigne d'une auberge rue Beauvoisine, n° 152.

(2) *Triballe* ou *Trimballe*, du vieux verbe *trimballer*, traîner, rouler, conduire après soi. (Ch. Nodier.)

« Et les Tauernes desbauchez
« Parquoi Tauerniers sont faschez. »

Dans la même Notice se trouvent mentionnées quelques Enseignes de la ville de Paris, dont l'indication trouve naturellement sa place ici :

« *La Pomme-de-Pin, le Petit-Diable, la Grosse-*
« *Tête, les Trois-Maillets, Saint-Martin, l'Aigle-*
« *Royal, le Riche-Laboureur, le Grand-Cornu, la*
« *Table du Valeureux-Roland, la Galère, l'Echi-*
« *quier, les Trois Entonnoirs, l'Escu, la Bastille,*
« *l'Escharpe, l'Hôtel du Petit Saint-Antoine, les*
« *Torches, les Trois-Quilliers.* »

« Les courtisans, que leur ambition ou leurs
« affaires retenaient trop longtemps au Louvre,
« trouvaient bon gîte et chère lie chez *la Boisse-*
« *lière*, mais ce n'était pas aubaine pour les poètes
« et pour les enfants sans souci. La Boisselière ne
« faisait jamais crédit, et l'on ne dînait pas chez elle
« à moins de dix livres tournois, somme inconce-
« vable pour le temps.

« .... Ces belles curiosités historiques......,
« termine notre auteur, sont prises. . . dans un
« *bouquin* fort ignoré, qui a pour titre: *Les visions*
« *admirables du Pélerin du Parnasse, ou Divertis-*

« *sements des bonnes Compagnies et des esprits cu-*
« *rieux, par un des beaux esprits de ce temps.* Paris
« Jean Gesselin, 1635, in-8° de 254 pages. »

Un fou de cabaretier de la rue Montmartre avait pris pour Enseigne *la Tête-Dieu*; le curé de Saint-Eustache eut bien de la peine à la lui faire ôter; il fallut une condamnation pour cela. (Tallement des Réaux.)

Tallement raconte aussi l'histoire d'une Enseigne de Notre-Dame, sur le Pont Notre-Dame, que le peuple croyait avoir vu pleurer et jeter du sang ; l'Archevêque la fit ôter.

Dans le chapitre 298 des *Naïvetés et bons mots*, le même auteur raconte qu'un commis borgne ayant exigé d'un cabaretier des droits qu'il ne devait pas, le cabaretier pour s'en venger, fit représenter le portrait du commis à son Enseigne, sous la forme d'un voleur, avec cette inscription: *Au Borgne qui prend.* Le commis s'en étant offensé, vint trouver le cabaretier, et lui rendit l'argent des droits en question, à la charge qu'il ferait réformer son Enseigne. Le cabaretier, pour satisfaire à cette condition, fit seulement ôter le P ; si bien qu'il resta : *Au Borgne qui rend.*

Il y avait un éveillé de cordonnier, à la rue Saint-Antoine, à l'Enseigne *du Pantalon*, qui, quand il voyait passer un arracheur de dents, faisait semblant d'avoir une dent gâtée, puis, le mordait bien serré, et criait au renard ! Un arracheur de dents qui savait cela, cacha un petit pélican (pince) dans sa main, et lui arracha la première dent qu'il put attraper ; puis, il se mit à crier au renard !

Pierre Costar, historiographe célèbre, né à Paris en 1603, mort le 13 mai 1660, était fils d'un chapelier de Paris, qui demeurait sur le Pont Notre-Dame, *à l'Ane rayé* (zèbre). Son père le fit étudier ; il réussit, et ne manquant pas de vanité non plus que d'esprit, il se voulut dépayser et demeura presque toujours dans la province ; de sorte que la première fois qu'il revint ici, il se voulait faire passer pour un provincial ; mais quelqu'un lui dit joliment qu'il ferait tort à Paris de lui ôter la gloire d'avoir produit un si honnête homme, et que quand il le nierait, *Notre-Dame pourrait fournir de quoi le convaincre.* Il faisait allusion à la boutique du père Costar. (Tallement.)

Du reste, ainsi que nous l'avons dit, ce n'étaient pas les marchands seuls qui plaçaient des signes particuliers sur la façade de leurs maisons.

Cottier, médecin de Louis XI, que celui-ci voulut faire périr un jour, se bâtit une maison à Paris avec cette Enseigne-rébus: *à l'Abri-Cotier*. (Sainte-Foy.)

Jacques Androuet, célèbre architecte né à Paris, et auteur de l'ouvrage intitulé : *Les plus excellents bastiments de France*, avait pris pour Enseigne de sa maison, située à l'entrée du petit Pré-aux-Clercs, près de la porte de Nesle, un cerceau ou cercle qni était appendu au devant de son habitation. De ce cerceau, il fit une appellation qu'il ajouta à son nom de famille, comme une espèce de titre seigneurial.

A Paris, l'imprimerie et le commerce de la librairie s'étaient établis dans le quartier latin. Toutefois, ils étaient descendus jusque dans la Cité, où demeurait Simon Vostre, si connu par ses livres d'heures à l'usage de différents diocèses de France, imprimés à la fin du xve siècle et au commencement du xvie. Simon Vostre demeurait rue Neuve-Notre-Dame, et sa boutique portait pour Enseigne *Saint-Jean-Baptiste*.

Thielman Kerveo, autre imprimeur-libraire, en 1525, avait pris pour Enseigne *la Licorne*. Il demeurait rue Saint-Jacques.

Nicolas Bonfons, annotateur des *Antiquités de Paris* de Gilles de Corrozet, dont une nouvelle édition parut en 1536, demeurait rue Neuve-Notre-Dame, et avait adopté pour Enseigne *Saint-Jean-Baptiste.*

Au coin de la rue Charretière et de la rue Fromentel, il existe une ancienne maison à la façade de laquelle on lisait plusieurs inscriptions, dont l'une indiquait la date de sa construction, 1606. Le propriétaire avait pris pour Enseigne le roi régnant : *Henry IV*, sous le patronage duquel cette maison a été connue jusqu'à ce jour. Voulant consacrer cette désignation par un signe durable, il fit sculpter la statue pédestre du monarque, laquelle est restée sur son support jusqu'à l'année 1792, où elle fût détruite. Ce n'est qu'à la restauration de la maison de Bourbon que cette Enseigne fut rétablie, non en pierre comme l'ancienne, mais en peinture à l'huile, et couronnée d'un auvent, avec l'inscription : *Au Grand Henri.*

L'abbé Lebeuf, trompé par la similitude du nom de Fromentel qui appartenait tout à la fois à la rue au coin de laquelle se trouve notre Enseigne, et à une autre rue située près du Louvre, et désignée aujourd'hui sous le nom de Fromenteau, avait cru que la maison en question, qui portait pour Enseigne le nom du *Grand Henry*, avait été habitée par Gabrielle d'Estrées, maîtresse de ce prince. Mais cette assertion est détruite par le contrat de vente de la maison située rue Fromentel, près du Louvre, lequel désigne cette maison comme lieu du domicile de la belle Gabrielle; en effet, il était plus naturel qu'elle se rapprochât de la résidence royale.

Afin de rabattre un peu l'orgueil de ceux qui croient le monde plus spirituel qu'il y a trois siècles, et se figurent que le moderne charlatanisme surpasse tout, il convient de faire observer que certaines Enseignes burlesques dont l'étymologie semble bizarre à plus d'un négociant parisien, sont les tableaux morts de vivants tableaux, à l'aide desquels nos ancêtres, fins matois, réussissaient à amener les chalands dans leurs maisons. Ainsi *la Truie qui file*, *le Coq-Héron*, *le Singe-Vert*, etc., furent des animaux en cage dont l'adresse émerveillait les passants, et dont l'éducation prouvait la patience de l'industriel au XVe siècle. De semblables curiosités enrichissaient plus vîte leurs heureux possesseurs que les Enseignes dévotes, telles que *la Providence*, *la Grâce de Dieu*, *la Bonne-Foi*, *la Décollation de Saint-Jean-Baptiste*, *le Signe de la Croix*, que l'on voit encore rue Saint-Denis et dans d'autres vieux quartiers. (Balzac, *Nouvelle du Chat qui pelotte.*)

L'ouvrage intitulé : *Histoire et Recherches des Antiquités de la ville de Paris* (1), par Henry Sauval, dit quelques mots des Enseignes ridicules, ainsi que de celles qui sont composées de mauvais rébus comme les suivantes:

A la Roupie, une Pie et une Roue.

Tout en est bon, c'est la Femme sans tête.

A l'Assurance, un A sur une Ance (anse.)

La Vieille-Science, une Vieille qui scie une Ance (anse)

Au Puissant vin, un Puits dont on tire de l'eau.

Le Bout du Monde, un Bouc et un Monde.

Les Sonneurs pour les Trépassés, des Sols neufs et des Poulets tués.

« De ces sept Enseignes, dit Sauval, celles du « Bout du Monde et de la Femme sans tête ont « donné leur nom à des rues (2).

(1) Tome 3, Paris 1733.

(2) La rue du Bout-du-Monde est aujourd'hui la rue du Cadran.

« Celle de *la Truie qui file* qu'on voit à une « maison du marché aux Poirées, rebâtie depuis « peu, est plus remarquable et plus fameuse par « les folies que les garçons de boutique des en- « virons y font à la mi-Carême, comme étant « sans doute un reste du paganisme. »

Ce bas-relief de *la Truie qui file* existe encore à la maison qui porte le n° 24, au coin de la rue de la Cossonnerie.

L'Enseigne de *la Truie qui file* a eu la vogue dans son temps, car on la voyait à Amiens, à Caen, à Dieppe, à Évreux, au Mans, au Mont-Saint-Michel, à Rouen, à Saint-Quentin, etc. Un relief représentant ce sujet existait tout à la fois à l'extérieur de la cathédrale de Chartres, sur une console placée au-dessus de *l'Ane qui vielle*, et à la poissonnerie de la même ville. Ce dernier relief existait encore en 1839.

Le même auteur fait connaître qu'autrefois, à Paris, les marchands de divers métiers avaient coutume de mettre à leurs fenêtres et sur leurs portes des bannières en forme d'Enseignes, où se trouvaient figurés le nom et le portrait du saint ou de la sainte qu'ils avaient choisi pour patron. Cependant on rencontrait aussi parfois, au lieu d'une figure de moine ou de vierge martyre, divers emblêmes ou rébus du genre de ceux que nous venons de citer.

Il ne paraît guère que nos aïeux aient mis beaucoup de choix dans l'emploi des marques ou symboles qu'ils appliquaient à leurs demeures. Ils ne s'y sont pas toujours montrés équitables et galants envers le beau sexe, en exposant par exemple, comme on vient de le voir, *la Femme sans tête, le Trio de Malice*, composé d'un singe, d'un chat et d'une femme (1). Le plus souvent ils employaient pour emblême un objet quelconque, un animal, une idée bizarre ou absurde comme *le Chien qui rit* (2); quelquefois une épigramme, comme *Le Grand Passe-Partout* (3), représenté par un Louis d'or, ou bien une pensée, comme *le Long-Vêtu*, Enseigne du grand père de Colbert qui était marchand de laine à Rheims.

Le *Signe de la Croix* était une Enseigne en forme de rébus assez commune. Elle se composait d'un cygne surmonté d'une croix ou d'une croix seulement.

(1) J'ai vu cette Enseigne à Troyes il y a 40 ans.

(2) Il existait à Rouen une *rue du Chien qui rit;* on l'appelle depuis l'année 1795 rue du Guay-Trouin.

(3) A Rouen, rue des Carmes, vers le milieu du XVIIIe siècle.

Une Enseigne rébus, *le petit Cornet d'or*, existait encore il y a moins de quatre ans à Rouen, rue Saint-Nicolas, n° 9, à la maison du XVIIe siècle, qui fait aujourd'hui l'encoignure de la rue de la République. On y voyait ces mots : AV PETIT, gravés sur la pierre, et au-dessous, un *cornet* sculpté.

Assez souvent les gens de métier faisaient sculpter, sur la façade de leurs maisons, la marque ou l'insigne de leur profession. Un ou plusieurs barils indiquaient un tonnelier ou un cabaretier, etc.

Nous avons, vu, à Rouen, rue des Bons-Enfants, sur une maison de bois occupée par un taillandier, un bas-relief représentant un sac d'où sortaient des *outils* de serrurier ou de maréchal.

Dans la même ville, *trois petits barils* ornent la clé de voûte de la porte d'une maison sise rue Eau-de-Robec, n° 182.

Même rue, n° 118, sur un linteau de porte, on voit encore un *marteau*, avec le millésime de 1776.

A Caen, *trois fers de cheval*, deux et un, sont sculptés sur la clé de voûte d'une maison de la rue de Bayeux. C'est évidemment l'Enseigne d'un maréchal-ferrant.

A Pont-Audemer, (Eure), une maison bâtie dans le dernier siècle, sur la place Maubert, par un maréchal-ferrant, ainsi que le constate une inscription, offre, à sa façade, un bas-relief relatif à la profession du propriétaire, et en outre, les outils d'un maréchal sculptés aux clés de voûte des fenêtres.

A Strasbourg, dans une petite rue aboutissant à la place Kléber, la maison en pierre d'un boulanger a pour Enseigne un écu des derniers temps du moyen-âge, chargé de trois Brechstel, ou petits pains, enlacés de manière à figurer un trilobe. (*Commun. de M. Ch. Grouet.*)

A Graçay, à six lieues de Vierzon, un écusson du XVIIe siècle, avec deux moutons, une tête de bœuf, un soufflet, des couteaux, semble annoncer que la maison qui le porte appartenait à un boucher.

Sur l'une des plus anciennes maisons du Hâvre, située à l'angle des rues Royale et de la Crique, on voyait, au poteau d'encoignure, un bas-relief en forme d'Enseigne, dont les sculptures indiquaient la double destination de l'édifice; d'un côté, un batelier dans son bateau passant un individu qui paraissait montrer le lieu du débarquement; de l'autre côté, un homme à cheval. On croit que cette maison était la demeure du batelier qui passait d'un bord à l'autre de la crique séparant les quartiers Notre-Dame et Saint-François. C'était aussi l'une des hôtelleries le plus en renom de la bourgade.

Ce poteau est déposé dans le cabinet des modèles relatifs aux travaux du port. On croit que la maison à laquelle il appartenait, et qui a été démolie en 1823, pour faciliter l'accès du pont Notre-Dame, avait été bâtie en 1523. (Voyez *l'Histoire des travaux du port du Havre*, par M. Frissard.)

Nos pères se plaisaient à inscrire sur leurs murailles, non-seulement des symboles, des allégories, des rébus dont nous avons cité plus haut des exemples, mais encore des chiffres, des monogrammes, des chronogrammes, etc.

Ainsi, à Rouen, sur la boutique de la maison, rue Écuyère, qui porte le n° 22, avec la date de

1603, est sculpté un chiffre curieux que nous ne pouvons expliquer.

Des chiffres du même genre ont été employés par des imprimeurs dans les marques de leurs livres, lesquelles marques fort souvent leur servaient d'Enseigne, *et vice versâ*. Peut être la maison dont il s'agit ici était-elle habitée par un imprimeur.

La marque que l'imprimeur Adam Cavelier avait adoptée pour les livres qu'il éditait, se retrouve comme *Enseigne* à la façade de la maison qu'il habitait à Caen, rue des Jésuites, aujourd'hui rue de la Préfecture. Cette maison porte le millésime de 1628 et le n° 30.

C'est un grand médaillon, en bas-relief, parfaitement conservé et très bien exécuté; il représente un cavalier armé de toutes pièces, ayant sur la poitrine le monogramme du nom de Jésus avec la légende :

IN NOMINE TVO SPERNEMVS INSVRGENTES IN NOBIS.

PSA 43.

Dans la même ville, rue Froide, la maison de M. Poisson, imprimeur, dont la famille remonte au commencement du XVIIe siècle, est décorée d'un petit bas-relief très fruste représentant *la Pêche miraculeuse*, type que ses ancêtres ont souvent employé aux titres des livres qu'ils imprimaient, avec cette devise tirée d'un psaume:

SI EXVRGAT ADVERSVM ME PRELIVM IN TE DOMINE SPERABO.

Les imprimeurs dont les noms suivent, et qui appartenaient à la ville de Rouen, avaient pris également pour Enseigne de leur maison, la marque de leurs livres et réciproquement; tels étaient :

Jean du Moulin, imprimeur-libraire en 1519; sa marque représentait un *Moulin à vent*, par allusion à son nom.

Jean du Gort, imprimeur-libraire, de 1544 à 1557. Sa boutique était au portail des Libraires, et sa marque représentait *deux pêcheurs retirant leurs filets de l'eau*, avec cette devise : *de Gort en Gort*.

Martin Le Mesgissier, imprimeur-libraire, de 1549 à 1581. Sa boutique était au haut des degrés du Palais, et sa marque représentait un *Mégissier*, par allusion à son nom.

Jean Berthelin, de 1615 à 1660, avait sa boutique cour du Palais, à l'Enseigne du *Forgeron*.

François Behourt, en 1740, demeurait rue Écuyère, à l'Enseigne de l'*Imprimerie du Levant*.

Jacques Besongne, (1694), était derrière le Palais, *aux Armes de France*.

Nous empruntons au *Dictionnaire des proverbes français*, par de la Mezangère, les détails qui suivent :

On disait autrefois d'un méchant portrait, d'un méchant tableau, qu'il était *bon à faire une Enseigne.*

Les choses ont bien changé depuis un siècle. Watteau, peintre gracieux, mort à la fleur de son âge, en 1721, fit pour une marchande de modes du pont Notre-Dame, à Paris, une Enseigne qui obtint les honneurs de la gravure. A peu près dans le même temps, on admirait, à la descente du Pont-Neuf, l'Enseigne du *Petit-Dunkerque.* Sous Louis XV, celle d'un armurier du pont Saint-Michel fut achetée comme tableau par un riche financier.

Au commencement du XIXe siècle, on citait parmi les Enseignes remarquables, celle d'un marchand de cristaux, dans la rue qui a repris le nom de rue Royale, près la porte Saint-Honoré. Malheureusement cette Enseigne était peinte sur des volets, et le marchand ayant changé de domicile, elle fut effacée.

En 1804, *la Fille mal gardée*, Enseigne d'un marchand de cotonnades, attira la foule rue de la Monnaie. En 1808, *la Toison de Cachemire*, rue Vivienne, obtint les suffrages de tous les connaisseurs. Bientôt après, parurent, dans la même rue, *les Trois Sultanes;* puis *le Couronnement de la Rosière, Joconde,* encore dans la même rue; *le Comte Ory,* sur les boulevards; *la Blanche Marguerite*, rue Montmartre, etc.

L'importance que les marchands mettaient à leurs Enseignes fit naître, en 1813, à un imprimeur de Paris, l'idée de les faire graver toutes, pour former des têtes de factures. On était entré chez tel marchand à cause de la beauté de son Enseigne, on y retournait pour avoir la jolie facture.

Communément, ce sont des pièces de théâtre qui fournissent aux marchands les sujets de leurs Enseignes. Dès qu'une pièce a la vogue, c'est à qui le premier en fera peindre une scène; et quelquefois l'Enseigne est un contre-sens. Comment ne pas sourire quand on voit pour Enseigne au magasin de deux associés : *les Deux Gaspards*, qui se filoutent à qui mieux mieux? Quel fonds devrait-on faire, si l'on prenait au sérieux les Enseignes, sur un établissement de commerce qui s'annonce sous les auspices des *Danaïdes*, ces stériles travailleuses qui s'épuisent à remplir un tonneau toujours vide? Est-ce enfin pour encourager les gens qui achètent, que cet autre marchand a fait peindre M. Guillaume, laissant emporter ses dix aunes de drap marron par l'*Avocat Patelin?*

Des Enseignes parfaitement analogues à leur objet sont: *les Architectes Canadiens*, au-dessus de la boutique d'un marchand de chapeaux, et *le Débarquement des Chèvres du Thibet*, au-dessus d'un magasin de châles.

Outre les tableaux, il y a des Enseignes parlantes; et comme chacun veut enchérir sur son voisin, vous voyez des gants dont chaque doigt est de la grosseur du bras, et des bottes qui contiendraient autant de liquide qu'un muid. Quand tous veulent se distinguer, personne ne se distingue. Il y a soixante-dix ans, c'était encore pis. Un moraliste qui écrivait au milieu du XVIIIe siècle, dit: « J'ai vu suspendre aux boutiques « *des volants* de six pieds de hauteur, des *perles* « *grosses* comme des tonneaux, des *plumes* qui « allaient au troisième étage. » La police fit réduire ces Enseignes à une grandeur raisonnable. (*Dict. des Prov. français*, 2e édition, Paris, 1821).

En 1826, parut un livre de 160 pages, intitulé :

Petit Dictionnaire critique et anecdotique des Enseignes de Paris, par un batteur de pavé; in-32, 2 feuilles et 1/2, imprimerie de H. Balzac, (c'est le célèbre romancier,) rue des Marais-Saint-Germain, nº 17, avec cette épigraphe: *à bon vin point d'Enseigne.*

Ce petit volume est tellement rare aujourd'hui, qu'il nous a été impossible de nous le procurer ailleurs qu'à la Bibliothèque nationale.

L'auteur de cet opuscule ne s'est occupé que des *Enseignes* modernes peintes qu'il a rangées par ordre alphabétique, et qu'il critique ou loue plus ou moins.

Il cite l'*Enseigne* : A L'ÉPI-SCIÉ, boulevard du Temple, nº 4; débit d'eau-de-vie, etc. (Un moissonneur, une faucille à la main, vient de couper un épi que l'on voit couché sur le sol).

Et la TRUIE QUI FILE, magasin d'épiceries, Marché-aux-Poirés, nº 24.

Il fait la remarque que c'est dans cet établissement que s'inscrivent les garçons épiciers sans place.

Il joue avec le CHAT NOIR rue Saint-Denis, au coin de la rue des Lombards.

Dans son dictionnaire se trouve encore une FONTAINE DE JOUVENCE, magasin de nouveautés, rue des Moineaux, n° 3.

« Il y a, dit-il, dans Paris mille individus qui « débitent l'eau de cette précieuse fontaine; « M. Bresson vend sa merveille qui fait croître des « cheveux du plus beau noir sur une tête sexagé- « naire et pelée; une madame Ma efface, avec son « eau miraculeuse, les rides de l'âge; cependant « ni l'un ni l'autre n'a obtenu le succès du bou- « tiquier de la rue des Moineaux. Une vieille « femme vient de puiser à la fontaine, et aussitôt « un visage de quinze ans a réparé *du temps l'ir- « réparable outrage;* il est vrai que ce n'est que « sur l'Enseigne, mais n'en est-il pas de même du « magasin? J'aperçois d'un côté une jambe fine, « une gorge arrondie, des hanches moelleuses, « et le tout de coton. D'un autre, des gazes, des « dentelles, des soieries.... Que de femmes « croient avoir bu à la *Fontaine de Jouvence!* »

L'origine juridique de l'Enseigne nous paraît remonter à l'ordonnance de Moulins de 1567, laquelle prescrit à ceux qui veulent obtenir la permission de tenir auberge, de faire connaître au greffe de la justice des lieux, leurs noms, prénoms, demeurances, *affectes et Enseignes.*

Plus tard, l'Enseigne est exigée par l'article 6 de l'édit de Henri III, de mars 1577, qui ordonne aux aubergistes d'en placer une *aux lieux les plus apparents* de leurs maisons, à cette fin que personne n'en prétende cause d'ignorance, même les illettrés.

Sous Louis XIV, l'Enseigne devient purement facultative, et l'ordonnance de 1693 permet aux hôteliers de mettre, pour la commodité publique, telles Enseignes que bon leur semblera, avec une inscription contenant les qualités portées par leurs lettres de permission (1).

Mais en 1669, avait paru une autre ordonnance pour réprimer l'abus que commettaient les marchands par des Enseignes d'une grandeur excessive, ou en avançant leurs tableaux quelquefois au-delà du milieu des rues, ce qui, dans le jour, les faisait paraître plus étroites et plus serrées, et empêchait que, pendant la nuit, elles ne fussent suffisamment éclairées par les lumières des lanternes publiques.

Les Enseignes des boutiques des marchands de Paris et autres lieux étaient jadis suspendues à de

(1) *Traité des locations en garni*, par M. Masson, Paris, 1846.

longues potences en fer ou en bois (1), au-dessus de la rue, au grand péril des passants. Pour remédier à cet inconvénient, le lieutenant de Police, de Sartines, publia en 1761, le 17 septembre, une ordonnance qui enjoignait à toutes personnes se servant d'Enseignes, de les faire appliquer en forme de tableaux contre le mur des boutiques ou maisons, et de telle sorte qu'elles n'eussent pas quatre pouces de saillie (2).

Cette mesure de police fut successivement adoptée par les autres grandes villes du royaume, et depuis bien longtemps, il n'y a guère que les petites villes et les bourgs qui aient conservé l'ancien usage des Enseignes pendantes.

Ce que l'on aura peine à croire aujourd'hui, c'est que, antérieurement à l'année 1728, les noms des rues de Paris n'existaient que dans la mémoire des habitants. Une ordonnance de cette

(1) Jacques Androuet du Cerceau, dont nous avons parlé plus haut, avait composé lui-même des modèles d'armatures, potences et cadres d'Enseignes, du XVIe siècle, et les avait fait graver, en 1570, dans ses détails de serrurerie.

(2) *Dictionnaire historique de la ville de Paris*, par Heurtaut et Magny, Paris 1779, t. II, au mot *Enseigne*, et aussi *Dictionnaire encyclopédique de la France.* (Collection de l'*Univers pittoresque* au mot *Enseigne*.)

année prescrivit qu'à l'avenir les noms des rues seraient inscrits sur des feuilles de tôle, à toutes les encoignures des rues. On voit encore de ces plaques où le millésime de 1728 est ajouté au nom de la rue.

Les autres grandes villes de France durent imiter ce qui venait de se pratiquer à Paris.

Il existe aussi à Rouen quelques-unes de ces premières inscriptions sur plaque de tôle ou de ferblanc, repoussées en bosse, et dont l'ancienneté se reconnaît à l'emploi de V pour U, *et vice versâ*.

Après l'usage de la tôle, vint la gravure en creux sur la pierre même des maisons ou des murs; puis l'écriture sur la pierre, en lettres de couleur sur un fond d'une autre couleur; et, en dernier lieu, l'emploi de plaques de porcelaine, dans quelques villes où des fabriques de ce genre d'industrie sont établies, ou près desquelles il s'en trouve, comme Bayeux et Caen.

L'usage de numéroter les maisons est tout à fait moderne (1).

(1) Voici comment s'exprime sur ce sujet M. Vaudoyer, ar-

Ce n'est qu'en 1788 qu'eut lieu pour la première fois, à Rouen, le numérotage qui avait été ordonné à Paris vingt ans auparavant, dit-on, mais qui ne fut mis à exécution que beaucoup plus tard, puisque, même en 1788, on ne voit encore que des exemples partiels de numérotage sur des maisons de libraires. A Évreux, c'est en 1786 qu'il fut résolu. Successivement toutes les villes de France, à peu d'exceptions près, adoptèrent ce mode si simple et si facile de reconnaître les maisons (1).

chitecte du Gouvernement, auteur d'un savant article inséré dans le *Magasin pittoresque*, année 1841, p. 382, et intitulé : *Tableau des villes de France au moyen-âge.*

« Les maisons n'étaient pas numérotées, et l'on se servait « pour les désigner de quelque qualification particulière, em- « pruntée, soit à leur forme, à leur situation, ou à leur déco- « ration ; on disait la grande maison, la maison jaune, la maison « du coin, etc. Quant aux marchands, ils avaient, comme au- « jourd'hui, des Enseignes le plus ordinairement symboliques de « leur profession. Ces Enseignes, qui duraient autant que les « maisons, étaient souvent sculptées en bois, quelquefois même en « pierre. Il y a peu de temps, on voyait encore au-dessus d'une « porte d'une ancienne maison de la rue de la Licorne (lisez rue « aux Fèves), dans la Cité, à Paris, une gerbe de blé sculptée, « qui permettait de supposer que là devait être un boulanger ou « un marchand de farines, à l'Enseigne, sans doute, de *la Gerbe « d'Or*. »

(1) Croirait-on que la ville de Coutances ne jouit pas encore de la commodité inappréciable du numérotage des maisons ?

La loi du 15 pluviôse an XIII (4 février 1805) est venue améliorer, à Paris, l'application du numérotage, en divisant les rues en rues longitudinales et en rues transversales, relativement au cours de la Seine, et en affectant aux premières des inscriptions et des numéros rouges, et aux secondes des inscriptions et des numéros noirs.

Ce système, appliqué à la ville de Paris, a été heureusement exprimé en cinq vers latins qu'on nous saura gré de citer ici; ils sont de M. Binet, proviseur du Collége ou Lycée Bonaparte (ci-devant Bourbon) :

> Dividit hanc urbem duplice nota picta colore ;
> Nigra fugit flumen, sequitur rubra fluminis undam
> Partitis numeris : par dextra imparque sinistra
> Limina designat; numerus dùm crescit eundo,
> Idem decrescens reditum indicat ordine verso. (1)

Il est bien à regretter que ce mode d'indication de rues perpendiculaires ou parallèles à la rivière ait été abandonné, nous ne savons pour quel motif.

Pour aider à trouver la demeure des habitants,

(1) Voyez le *Nouveau Dictionnaire de Police*, etc.; Paris, 1835, in-8°, au mot : NUMÉROTAGE.

souvent on divisait une rue en plusieurs parties auxquelles on donnait un nom différent. Mais le moyen qui facilitait le plus la reconnaissance des maisons, était l'emploi d'Enseignes appartenant en propre à un grand nombre d'entre elles, comme on en voit encore de nos jours aux hôtelleries. Ces signes ou Enseignes étaient sculptés à même la pierre ou le bois, ou bien étaient figurés sur une feuille de tôle peinte, pendante à une potence mobile fixée à la façade, comme cela se pratique encore de nos jours pour les auberges qui sont hors des grandes villes.

Le précieux manuscrit relatif au cours des fontaines de la ville de Rouen, dont nous avons eu plusieurs fois occasion de parler, reproduit des Enseignes flottantes; telles sont les suivantes: *le Beuf*, place du Vieux-Marché, entre les rues de la Prison et Sainte-Croix-des-Pelletiers; *le Pan*; *le Croissant*, près de la porte Grand-Pont; *le Pellerin*, rue aux Juifs, près du Neuf-Marché; cette Enseigne avait donné son nom à la partie de la rue aux Juifs contiguë à la rue Massacre; *la Crosse*, près de la fontaine de ce nom; maison du XVe siècle, à deux étages, rue des Carmes, au coin de la rue de l'Hôpital.

Une autre Enseigne flottante, qui a disparu

comme les précédentes : *la Faulx*, avait donné son nom à la rue des Faulx (1).

Richard Goupil, célèbre imprimeur du commencement du XVIe siècle (1510), habita la maison de *la Tuile d'Or*, rue Malpalu, no 24, à Rouen. Ce bout de la rue Malpalu s'appelait alors de l'Enseigne de cette maison, rue de *la Tuile d'Or*. Il est aujourd'hui compris dans la rue de la République.

L'Enseigne consistait en une tuile d'or figurée sur une feuille de tôle; nous l'avons vue non plus libre, comme jadis, à sa potence, mais clouée à la muraille, par suite d'une mesure de police concernant les Enseignes flottantes.

Enfin, une maison portant le no 133, rue de la Grosse-Horloge, presqu'en face de la rue Thouret, est appelée *le Chien Noir* dans un acte de l'état civil, année 1782, paroisse de Notre-Dame-de-la-Ronde; un chien noir était peint sur une plaque de tôle fixée à la muraille de cette maison,

(1) Grand cartulaire de l'abbaye de Saint-Ouen, no 28 p. 390, no 492, à la date du 4 mai 1429 : « Une maison ou souloit pendre l'Enseigne de la Faulx, assise en la paroisse Sainte-Croix-Saint Ouen, près de l'église. » (Commun. de M. Barabé, archiviste du département.)

sans doute en conséquence de la mesure de police dont nous avons parlé.

Si nous passons maintenant à l'énumération des Enseignes qui subsistent encore à Rouen, nous citerons d'abord le bas-relief de la rue Étoupée, représentant une ville vers laquelle se dirigent deux voyageurs ou pélerins. C'est là un exemple remarquable de ces marques distinctives données aux habitations qui n'étaient pas occupées par des commerçants. Cette maison a conservé de son bas-relief qui porte la date de 1580, le nom de *la Cité de Jérusalem.* (Voyez la gravure du frontispice.)

Une autre curieuse Enseigne dont bien des personnes ne soupçonnent certainement pas l'existence, puisqu'elle est masquée par un panneau de bois, se trouve à la devanture de la maison en bois de la fin du XVe siècle, rue Grand-Pont, n° 80. C'est un grand bas-relief représentant un paysage : des moutons paissent dans la prairie, gardés par leurs chiens. C'est ce qu'on peut appeler *une Bergerie.*

Un bas-relief de petite dimension, et au-dessus duquel est gravée cette inscription : LA SAMARITAINE, est sculpté sur la façade de la maison en pierre, dite *la Samaritaine,* rue Caquerel n° 13, (date de 1580).

Nous ne devons pas manquer de mentionner ici cette belle Enseigne de *l'Ile du Brésil*(1), que l'on voyait rue Malpalu, avant le percement de la rue de la République; Enseigne dont la sculpture sur bois était dépassée par les charmantes figurines nues, presque de ronde-bosse, qui ornaient les montants ouvragés d'une très remarquable façade perdue à toujours par l'incurie d'un charpentier.

Ce bas-relief se compose de deux parties, et

(1) « Dans les premières relations adressées du pays de Santa-« Cruz en Portugal, ce vaste pays est désigné fréquemment sous « le nom d'île. Les navigateurs normands partageaient tout « naturellement cette erreur avec les premiers explorateurs du « pays. » (*Bulletin du Bibliophile*, 1849, p. 353).

représente l'exploitation et l'embarquement de bois du Brésil (1) ; ce bois, employé dans la teinture, était probablement à la destination de Rouen, dont les négociants entretenaient des relations avec le Nouveau-Monde.

Il est aussi très vraisemblable que ce bas-relief fut exécuté vers l'année 1550, c'est-à-dire à l'époque où Henri II, roi de France, et Catherine de Médecis, sa femme, firent leur entrée à Rouen. Une relation du temps extrêmement rare et curieuse rapporte que, entr'autres divertissements, le corps municipal les régala du singulier spectacle de la représentation du pays et des naturels du Brésil, dans lequel figurèrent plusieurs espèces de singes et grand nombre de perroquets et autres oiseaux que les navires des bourgeois de Rouen avaient apportés du pays pour la circonstance, ainsi que trois cents hommes façonnés et équipés à la mode des sauvages, parmi lesquels il y avait bien, dit la relation, cinquante naturels sauvages.

Le style des figures de cette Enseigne est imité de Michel-Ange, mais il est un peu outré.

(1) « Le bois du Brésil fut pendant longtemps le seul objet « commercial qui appelât les Rouennais dans l'Amérique du sud. « Moyennant quelques bagatelles, les Indiens allaient débiter « ce bois dans les forêts lointaines, et ils le rapportaient tou- » jours à dos d'hommes, en bravant d'horribles fatigues. De « grandes fortunes furent réalisées à Rouen, grâce à ce trafic. »
(*Bull. du Bibliophile*, 1849 ; p. 584).

Nous citerons ensuite les bas-reliefs qui décoraient la maison à l'angle des rues St-Romain et de la Croix-de-Fer, et qui représentaient les arts libéraux mis en action : *la Grammaire, la Rhétorique, la Dialectique, l'Arithmétique, la Musique, la Géographie et l'Astronomie ;* ces charmantes sculptures ont été placées au Musée d'Antiquités de la ville, ainsi que l'Enseigne du Brésil.

Le même Musée a aussi recueilli trois autres Enseignes fort curieuses,

La première consiste en deux portions d'un grand et remarquable bas-relief sur bois, provenant de la splendide maison de la Renaissance, Grande-Rue, n°s 115-117. On voit, d'une part, *Phaëton* conduisant le char du Soleil, et de l'autre, sa chute dans la mer. (1)

La seconde a été retirée de la maison rue de l'Hôpital, n° 2, qui fait l'encoignure de la place Saint-Ouen.

Une femme nue a les pieds appuyés sur une conque traînée par deux chevaux marins, et portant une voile enflée. C'est la *Fortune*, et non une *Vénus marine*, ainsi que nous l'avons dit par erreur (*Descript. hist. des Maisons de Rouen*, t. Ier, page 145).

(1) Ce bas-relief a été lithographié en deux parties.

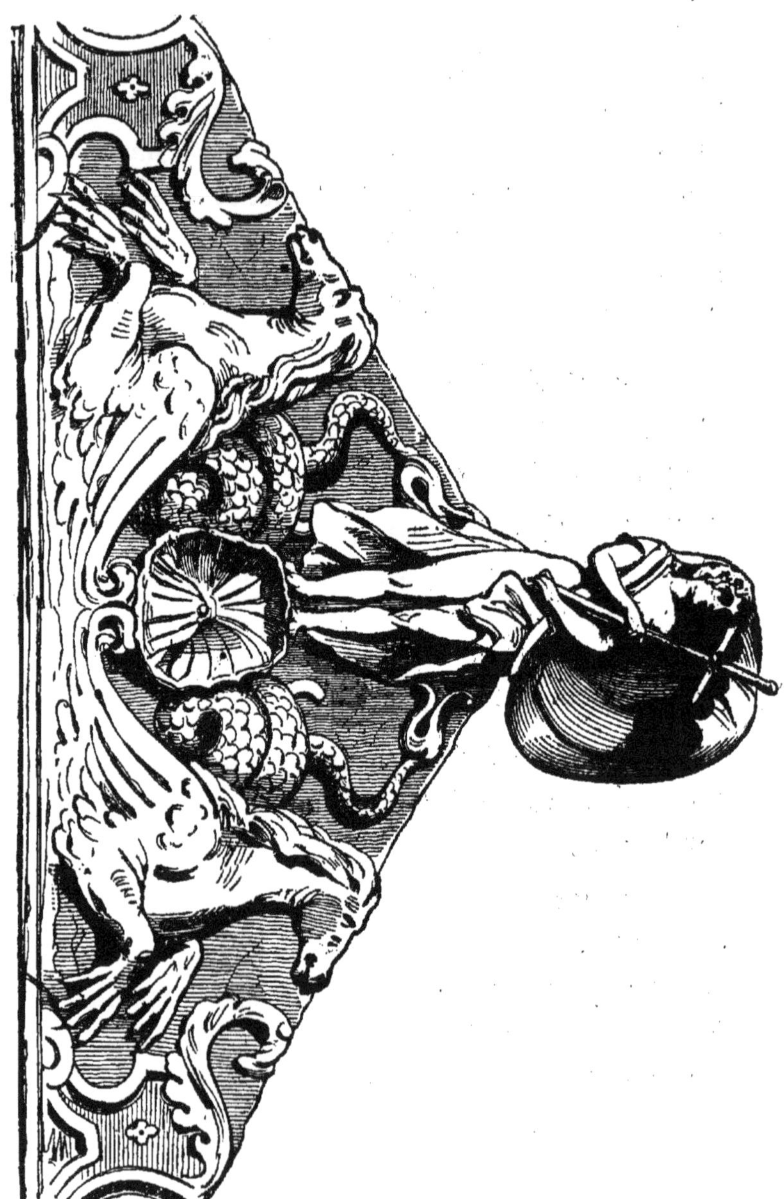

La troisième est l'Enseigne de *la Barge*, dont nous avons déjà parlé, page 8. Nous en avons fait don au Musée du département.

Nous ajouterons que la maison qui portait cette Enseigne était désignée sous le nom de *la Barge*, dans un très ancien titre remontant à l'an 1458, et que le propriétaire, très mal conseillé, a anéanti comme inutile.

Plusieurs des bas-reliefs que nous venons de rappeler avaient été précédemment cités dans notre *Description historique des Maisons de Rouen, les plus remarquables par leur décoration extérieure et par leur ancienneté*, (2 volumes in-8°, 36 planches) ; mais nous ne les avions pas signalés alors comme de véritables Enseignes qu'ils sont.

Nous mentionnerons trois bas-reliefs auxquels est attaché le millésime de 1607, et qui décorent la façade de la maison rue des Hermites, n° 23. Cette maison était bien certainement occupée, comme elle l'est encore aujourd'hui, par un tanneur.

A gauche, on voit sculpté en pierre un *Saint-Jean-Baptiste*, patron du propriétaire-constructeur ; à droite, une *Sainte-Marguerite*, patronne de sa femme, et au milieu, un arbre que nous croyons être un chêne, arbre dont l'écorce s'emploie dans les tanneries, et qui doit figurer ici comme le symbole de la profession du maître de la maison.

Rue Eau-de-Robec, n° 186, avec la date de 1588, un grand bas-relief en pierre offre, sur le premier plan, un cheval sellé et bridé dans l'attitude de la marche, mais sans cavalier. A la gauche du spectateur, on aperçoit comme un fort; des arbres occupent la droite et le fond du bas-relief.

Il existe sur ce sujet une tradition en laquelle nous avons peu de confiance. Cette tradition veut que le propriétaire de la maison ait été attaqué dans la forêt de Moulineaux, près de Rouen, par des malfaiteurs, et renversé de dessus son cheval qui revint seul au logis de son maître. Ne serait-ce point tout simplement une *Enseigne?*

Même rue Eau-de-Robec, n° 111, sur la traverse d'une maison en bois portant la date de 1625, on découvre avec assez de peine un bas-relief tellement mutilé, que l'on ne distingue plus que le contour des quatre sujets qu'il représente, à savoir: *l'Annonciation, la Naissance du Sauveur, les Mages conduits par l'étoile et l'Assomption.*

On sait que, chez les anciens, l'apparition d'une cigogne sur une habitation était considérée comme un présage de bonheur. C'est pour ce motif, sans doute, que le propriétaire de la maison n°s 12-14-16, rue de la Cigogne, avait fait placer sur la lucarne de sa demeure un de ces volatiles en plomb, lequel devait très certainement être répété d'une façon plus apparente comme Enseigne; d'où est venu à cette rue le nom de rue de *la Cigogne.*

La rue du *Bon-Espoir* a pris aussi son nom d'une figure de *l'Espérance*, sculptée sur la façade en bois de la maison n° 11, et au-dessus de laquelle sont gravés ces mots : BON ESPOIR, avec le millésime de 1622.

Un bas-relief sur bois, avec la date de 1618, représentant une *hôtellerie*, ornait l'auberge dite *le Grand-Hôtel*, rue des Bons-Enfants, n° 41, dont la façade a été défigurée et plâtrée suivant le déplorable usage moderne.

Une mesure de police a fait appliquer sur la façade de l'auberge du Papegaud (1) rue Saint-Hilaire, n° 85, à l'encoignure de la rue du Pas-de-Gaud, son ancienne Enseigne flottante de tôle peinte, de forme carrée, découpée en *accolade*, et du règne Louis XV.

Le HAVRE-DE-GRACE (ainsi gravé sur l'Enseigne même), rue Ecuyère, n° 20, est une sculpture sur bois de la fin du XVIe siècle. Des navires voguent

(1) Perroquet. A Blois, il existe une rue des *Papegauds*.

sur une mer fermée, d'un et d'autre côté, par des châteaux forts; à droite et à gauche figure, comme ornement, un homme nu, à demi couché, embouchant une trompette.

Même rue, n° 22, maison à côté de la précédente, avec la date de 1603. A l'appui du premier étage, quatre sculptures en pierre, de haut-relief, représentent *les Quatre Saisons*. Ce travail, d'un style un peu lourd, nous paraît être sorti d'un ciseau flamand. Il est masqué par un tableau d'Enseigne.

La maison place du Vieux-Marché, n° 17, à étages surplombant les uns sur les autres, offre, dans les sculptures de la pièce de bois qui couvre le rez-de-chaussée, une Enseigne relative à la Poissonnerie, qui se tenait et se tient encore dans cette partie de la place. Au centre est un poisson; à droite, un Triton le trident en main, et à gauche une Syrène avec un miroir.

Une *porte de ville* en bas-relief et sur bois, était probablement l'Enseigne de la remarquable maison en bois et en pierre, datée de 1602, et située rue Cauchoise, n°s 68-70, près du lieu où était la porte de ce nom.

Rue du Bac, n° 39, à l'encoignure de la rue

Potard, sur la clé de voûte du cintre de la boutique, est une *Coupe ou Ciboire*, accompagné d'un chiffre.

Une Harpe, sculptée sur la muraille d'une maison située rue Eau-de-Robec, à l'angle de la rue de la Harpe, nº 1er, a donné sans nul doute son nom à cette dernière rue, comme une *Gerbe*, sculptée sur une maison datée de 1617, a donné son nom à la rue *Gerbe-d'Or* ou *d'Orge*.

Trois Toupies, deux et une enfermées dans une bordure de feuillage, avec la date de 1628, sont sculptées sur un linteau de porte d'une maison sise rue Saint-Marc, nos 29-31, à l'entrée de la cour, dite des *Trois-Toupies*.

Dans la rue Cauchoise, au nº 80, une maison en bois, porte le millésime de 1750, coupé en deux par un *Cœur couronné*.

Même rue, nº 47, un *Cygne* sculpté à la clé de voûte de la porte d'entrée de cette maison, avec la date de 1631, indique encore aujourd'hui que là était l'auberge du *Cinot* ou *Sinot*, que nous avons vue.

Un Cygne en pierre se trouve également au-dessus de l'entrée de la maison du commencement du XVIIe siècle, sise rue Saint-Vivien, 47.

A la maison rue Malpalu, n° 48, contiguë à l'église supprimée des religieux Augustins, un *Cœur percé de flèches* est sculpté sur l'arc même de la porte, dont la grosse moulure qui l'encadre accuse l'époque du règne de Louis XIV, indiquée d'ailleurs par la date de 1664. Ce cœur, et d'autres répandus sur une pièce d'appui, sont là placés, par allusion à Saint-Augustin, dont ils sont l'attribut, parce que la maison sur laquelle on les voit, appartenait au monastère des Augustins.

Il existe aussi sur la porte de la maison du XVIIe siècle, rue Sainte-Croix-des-Pelletiers, 54, attenante à l'église paroissiale de ce nom, qui a été supprimée en 1791, une *Croix* et une *S* superposées. Cette maison devait être le presbytère.

Nous citerons encore, quoique démolie en entier, il y a quelques années, une maison du XVIIe siècle, faisant la pointe entre les rues des Arpenteurs et des Trois-Cornets, sur la porte de laquelle étaient sculptés *Trois Cornets enlacés*.

Enfin, l'Enseigne suivante a disparu assez récemment. C'était un *Ours*, sculpté en pierre, sur la maison rue des Carmes, n° 2, qui fait l'angle de la place de la Cathédrale.

Si la sculpture d'Enseignes parait abandonnée aujourd'hui comme décoration inhérente à la construction des maisons, en revanche, la peinture y est encore, de nos jours, employée parfois avec quelque supériorité, surtout à Paris.

Une des plus vieilles Enseignes peintes sur panneau de bois, qui restent encore à Rouen (elle doit avoir plus de cent ans), se trouve à la maison n° 26, rue des Bons-Enfants, en face de la rue Sénécaux.

C'est celle d'un fabricant de pompes à incendie, qui, dans son temps, eut une grande réputation de talent (1); elle est divisée en trois parties : la partie centrale offre dans un cartouche ornementé dans le goût du milieu du XVIIIe siècle, une pompe à incendie avec cette inscription : A LA POMPE ROYALE, et autour : N[s] THILLAYE FABRICATEVR DE POMPES PAR PRIVILEGE DV ROY. A gauche de ce cartouche, deux

(1) M. Thillaye, constructeur de pompes à incendie, rue Malpalu, 52, est un de ses descendants.

hommes font manœuvrer une pompe. A droite est un atelier de machines. (1)

Il y a une quarantaine d'années qu'un peintre de talent exécuta pour un quincailler de Rouen une Enseigne qui offre un beau sujet assez faiblement indiqué par ces mots: AU COMMERCE ÉTENDU. On la voit à l'ancien Hôtel-de-Ville, sur la boutique de la maison la plus rapprochée de l'arcade de la Grosse-Horloge.

L'*Héritière* (2), rue Ganterie; *Saint-Antoine* (3), rue des Carmes, n° 71, etc., étaient, il y a vingt ans, des toiles assez bien peintes pour qu'on ne les laissât pas continuellement exposées aux injures de l'air. Aujourd'hui, la plupart des marchands se contentent d'inscrire leur nom audessus de leurs boutiques ou magasins, en le faisant précéder et suivre du numéro de leur maison, sans même relater leur profession.

---

(1) L'usage des pompes à incendie commença à Rouen, en 1719. Elles avaient été inventées en Hollande.

(2) Titre d'une pièce de théâtre.

(3) Enseigne d'un charcutier.

PARIS.

Il y a soixante ans, la ville de Paris possédait une grande quantité d'Enseignes, dont beaucoup devaient être très curieuses. Depuis lors, il s'y est opéré tant de changements, tant de maisons ont disparu et avec elles leurs Enseignes, que, de celles-ci, il ne reste plus aujourd'hui qu'un fort petit nombre. Cependant, avec l'aide de nos amis, au nombre desquels nous nous plaisons à citer MM. Gilbert et Vaudoyer, nous en avons trouvé quelques-unes qui nous ont paru dignes d'être reproduites par la gravure. Parmi les plus remarquables, nous citerons les suivantes :

La Gerbe d'or, sculpture en pierre du XVIe siècle,

rue aux Fèves, n° 2, dans la Cité. Deux moutons se dressent contre une gerbe pour en brouter le grain.

La Chaste Suzanne, même rue aux Fèves à côté de la Gerbe d'or. Ce bas-relief en pierre, que la perfection de son style faisait attribuer à Jean Goujon, a été acheté un haut prix par un amateur. Un moulage en plâtre en occupe aujourd'hui la place.

Le Fort Samson, rue du Dragon, n° 24, en

face de la petite rue Taranne. C'est un fort beau médaillon en faïence émaillée du XVIe siècle, représentant *Milon de Crotone.*

La Fontaine de Jouvence, rue du Four-Saint-Germain, n° 67; jolie sculpture du XVIe siècle.

Jouvence était, si l'on en croit la fable, une nymphe que Jupiter métamorphosa en une fontaine aux eaux de laquelle il donna la vertu de rajeunir ceux où celles qui iraient s'y baigner.

La petite Hotte, rue des Prêcheurs, n° 30. Dans une niche en pierre, on voit une petite hotte supportée par un cul-de-lampe orné de feuilles d'eau, et surmonté d'un dais également sculpté. C'est un travail du commencement du XVIe siècle. La hotte est remplie de fruits à pepin, et nous paraît avoir servi d'Enseigne à un marchand fruitier.

Une autre petite *Hotte* est placée au poteau cornier d'une maison sise rue Saint-Germain-l'Auxerrois, au coin de la rue des Orfèvres. Un cep de vigne sort de cette hotte, qui sert d'Enseigne à un marchand de vin.

Rue Saint-Denis, à l'angle de la rue des Prêcheurs, poteau cornier représentant *l'Arbre généalogique de la sainte Vierge* ou *Arbre de Jessé.*

Rue de Bièvre, n° 8, près de la place Maubert, *Saint-Michel archange*, sur pierre, haut de soixante-six centimètres; sculpture du XVIe siècle.

Nous rappellerons seulement pour mémoire *la*

Truie qui file, petit bas-relief du XVIe siècle, rue du Marché-aux-Poirées, nº 24, dont nous avons déjà parlé page 17.

Mais nous arrêterons notre attention sur le *Puits d'amour*, Enseigne tirée d'une vieille légende, et que l'on voyait, il n'y a pas longues années, au nº 15 de la rue de la *Grande Truanderie*, à l'angle de la rue de la *Petite Truanderie*. Un boulanger qui occupait cette maison ayant transporté son établissement au nº 14 de la même rue, a enlevé l'Enseigne, qu'il a replacée sur sa nouvelle boutique.

Cette Enseigne du *Puits d'amour* a une origine toute dramatique, dont les détails sont racontés par Sauval (*Antiquités de Paris*), et aussi par Sainte-Foix (*Essais sur Paris*).

Une jeune fille nommée Hillebik, fille d'un haut personnage de la cour de Philippe-Auguste, ayant été abandonnée par son amant, de désespoir se précipita dans un puits, qui était originairement placé à l'angle des rues de la Grande et de la Petite Truanderie.

Trois siècles après cet événement, un jeune homme ne pouvant supporter les dédains de celle qu'il aimait, se jeta à son tour dans ce puits, mais avec une chance plus heureuse; car la rebelle, vivement émue de cet acte de désespoir, eut le temps de lui jeter une corde, et de le soustraire au trépas dont il était menacé. Pour consacrer sa reconnaissance par un monument public, ce jeune homme fit reconstruire le puits à neuf, et graver sur la margelle l'inscription suivante :

« L'amour m'a refait,
« En 1523 tout à fait. »

Rue de l'Arbre-Sec, n° 19, on remarque un cheval sculpté en ronde-bosse, et au-dessous duquel on lit, en lettres gravées sur un marbre noir : AU CHEVAL BLANC, et plus bas la date de 1618.

LE PUITS SANS VIN, (jeu de mots), près de l'église Saint-Magloire. C'est encore aujourd'hui l'Enseigne d'un marchand de vin.

AU CHERCHE MIDI, rue du Cherche-Midi, n° 19;

un médaillon en pierre, sculpté en demi-relief, représente *un personnage cherchant du doigt l'heure de midi* sur un cadran solaire supporté par deux petits génies.

Nous ne ferons qu'indiquer en passant LE GAGNE PETIT, rue des Moineaux, quartier Saint-Roch.

LE PETIT MORE, en médaillon, rue de Seine, n° 26.

LE CHIEN ROUGE, rue de la Féronnerie, près de la rue Saint-Denis.

L'Annonciation, rue Saint-Martin, n° 33. Le même sujet se trouve reproduit rue du Faubourg Montmartre, n° 21, au coin de la rue Grange-Batelière. Cette dernière Enseigne a un mètre de haut.

La Barbe d'or, rue des Bourdonnais, n° 21.

Une Étoile sur un fond de nuages, rue Grenétat, n° 19.

• AU PANIER FLEURI, quai Saint-Michel.

Toutes ces Enseignes sont sculptées sur pierre, et appartiennent à l'époque du règne de Louis XV, aussi bien que les suivantes :

Rue Saint-Denis, n° 82, au coin de la rue de la Régnie : AU CHAT NOIR. Un chat peint en noir est sculpté en haut-relief à chacune des encoignures de cette maison.

Même rue, n° 77; LE CENTAURE, grand bas-relief d'une assez bonne exécution, avec cette suscription : AU CENTAURE.

Même rue, n° 100, en face du marché des Innocents, entre les fenêtres du second étage, *Hercule* appuyé sur sa massue, sculpture en demi-bosse du XVIIIe siècle.

Nous avons encore remarqué :

Rue des Canettes n° 18, faubourg St-Germain, dans un cartouche, des *Cannetons* nageant et plongeant; et rue Saint-Germain-l'Auxerrois, n° 14, des poissons et des roseaux encadrés dans un médaillon de forme ovale. Ces deux bas-reliefs sont peints, et datent de l'époque de Louis XV.

Puis, au coin de la rue Charretière et de la rue Fromentel, l'Enseigne AU GRAND HENRI, dont nous avons déjà parlé plus haut, page 14. Cette Enseigne est tout-à-fait moderne, et peinte sur toile.

Rue de l'École-de-Médecine, près de la rue de l'Ancienne-Comédie, on voit sculpté sur une grande pierre incrustée dans le trumeau qui sépare les deux croisées du premier étage de la maison, un *Chapeau* rond à larges bords, dont un côté est retroussé dans la forme usitée sous le règne de Louis XIV, parmi la bourgeoisie. Ce *Chapeau* est comme suspendu au-dessus d'une lunette de fortification, autrement dite *ouvrage à cornes*. Le sculpteur aurait-il voulu faire de cette Enseigne une malicieuse épigramme? Nous serions porté à le croire.

Nous terminerons en rappelant le souvenir d'une Enseigne qui a été détruite depuis peu d'années.

Elle existait rue de la Féronnerie, AU Q COURONNÉ. Cette enseigne quelque peu irrévérencieuse n'avait pas encore disparu sous la restauration, en 1828.

Rouen et Paris sont les deux villes qui nous ont fourni le plus de matériaux pour cette notice. Cependant, parmi les autres villes de France, il en est quelques-unes qui ne le cèdent guère aux capitales de la Normandie et de l'Ile-de-France, pour le nombre et l'importance de leurs Enseignes.

Nous allons passer successivement en revue toutes les villes où nous avons pu nous procurer quelques documents intéressants, en les classant suivant leur ordre alphabétique.

A Abbeville, rue des Lingers, n° 26, maison du *Corbeau*, presqu'en face de la rue de l'Hôtel-de-Ville. Entre le premier et le second étage, on voit, sculptés en pierre, deux écussons supportés par des enfants; l'un offre la date de 1663, et l'autre un *Corbeau*.

Rue des Jacobins, n° 20, au-dessus d'une Enseigne sculptée en pierre, on lit : LE VERT SOUFFLET (XVIIe siècle).

Nous avons fait à Amiens une assez ample moisson d'Enseignes intéressantes, grâce à l'obligeance de M. Duthoit, habile dessinateur et sculpteur, et aux recherches de notre ami, M. Dusevel. Nous allons en citer quelques-unes:

L'Espousée (xvie siècle), reçueillie au Musée d'antiquités de la ville. Cette Enseigne appartenait au Marché aux Herbes.

Au dromadaire, rue de la Hautoie. Un Dromadaire est porté sur une console.

S. Jehan Batiste, rue de la Hautoie. C'est une tête de saint Jean encadrée dans un cercle.

Au Somon d'argent, rue des Chaudronniers. Au-dessus du poisson est gravée la date de 1731.

Av noble d'or, rue des Chaudronniers. Le *Noble d'or* est une allusion à la monnaie de ce nom. C'est un personnage à mi-corps, portant une couronne et tenant de la main gauche une espèce de sceptre. Deux écus non blasonnés l'accompagnent. Au-dessus de celui qui est à sa gauche se trouvent les lettres AL.

Les Trois Cornets, deux et un, même rue que la précédente Enseigne.

AV BLAN BEUF, Marché aux Herbes, au coin de la rue des Chaudronniers. Date de 1674.

A LA BARBE D'OR, Marché aux Herbes.

A LA ROUE D'ARGENT, rue Saint-Leu. Date de 1657.

AU SAGITTAIRE, rue des Vergeaux. C'est le signe du Zodiaque.

A L'ANONCIATION, rue des Orfèvres, (1680).

A L'AGNUS DEI, rue Saint-Leu, (1716).

A L'ASSURANCE, petite rue de Beauvais. Un A sur une anse. Sauval (*Antiquités de Paris*) parle de cette Enseigne-rébus que l'on voyait aussi à Paris.

Le Grand Cerf, rue Saint-Leu; *le Fourché* (fourche), même rue; *le Berceau d'or*, place de la Mairie, et l'hôtel de *l'Orfevresse*, rue Saint-Germain, (qui existent encore), sont d'anciennes hôtelleries. L'hôtel de l'Orfévresse remontait à 1416. L'Enseigne actuelle est peinte sur bois; elle représente la femme d'un orfèvre pesant des bijoux. Toutes les autres sont en pierre.

Outre ces vieilles Enseignes, il en existait beaucoup d'autres, aussi en pierre, qui ont disparu depuis quinze à vingt ans seulement. Elles appartenaient aux XVe et XVIe siècles, et étaient dignes d'intéresser les antiquaires et les philologues. Telles étaient : *le Paon*, vis-à-vis de la Cathédrale ; *le Heaulme* (1), rue Saint-Martin ; *le Bras couppé*, rue Saint-Leu ; *la Patenôtre*, rue des Jacobins ; *au Cerf*, rue des Chaudronniers, etc., etc.

Il y avait aussi à Amiens, comme en beaucoup d'autres villes, une Enseigne de *la Truie qui file ;* l'hôtellerie qu'elle désignait sous ce nom était située rue des Vergeaux.

Différents titres font encore mention des Enseignes de *l'Affiquet*, du *Bœuf couronné*, des *Escureux* (Écureuils), de *l'Echiquier*, de *l'Escu de Ponthieu*, du *Cappel de violettes*, (d'où la rue du *Chapeau de violettes* a pris le nom qu'elle porte aujourd'hui), du *Castel amoureux*, de *la Bannière de France*, de *l'Espée Ogier*, du *Haubregon* (2), de *l'Estoile Ponchineuse* (3), du *Blan*

(1) On voyait il n'y a pas encore longtemps, sur la grande place d'Arras, l'hôtellerie du *Heaume*, dont la façade était décorée d'un *heaume*.

(2) Le *Haubregon* ou *Haubregeon*, qui s'écrivait souvent aussi *haulbergon* ou *haulbergeon*, était une cotte de mailles qui descendait jusqu'aux genoux, et que les nobles et les chevaliers avaient seuls le droit de porter.

(3) *L'Estoile Ponchineuse* ou *Poinchineuse* est l'Étoile du point du jour.

Coulon (1), etc., etc. Toutes ces Enseignes dataient des XVe et XVIe siècles.

Sur le Grand-Marché était la maison du *Blanc Pignon*, à l'Enseigne de *l'Ostruche*, où demeurait, en 1504, le maïeur Aubert Fauvel. Au coin de la rue Saint-Martin et du Grand-Marché, à la maison où pendait pour Enseigne *la Ville de Rouen*, demeurait Pagès, auteur de chroniques très intéressantes sur Amiens, au commencement du XVIIIe siècle.

Enfin, Amiens a possédé l'Enseigne du *Géant*, qui a dû une sorte de célébrité au zèle actif que déploya, à la fin du XVIe siècle, le propriétaire de l'hôtellerie ainsi désignée, pour faire rentrer la ville sous l'autorité de Henry IV.

Auxerre. — A la maison rue de Paris, faisant l'angle de la rue de la Fricauderie, est sculpté en haut-relief un sujet gracieux, composé d'A-

(1) *Le Blan Coulon* ou blanc coulon veut dire le blanc pigeon. On se sert encore, en Picardie, de ce vieux mot qu'il ne faut pas traduire par *coulomb* ou *colombe*. On y dit communément, dans beaucoup de villages : *des biaux coulons* pour de beaux pigeons.

mours ou de génies, lequel est encadré dans un motif de la renaissance.

Une maison en pierre, rue du Temple n° 83, est décorée, à l'appui de ses fenêtres, de deux bas-reliefs représentant des combattants.

Si le contingent de Beauvais se réduit à l'Enseigne dont nous donnons plus loin la gravure, la valeur de celle-ci, comme curiosité, n'est pas médiocre, il faut l'avouer. C'est une de ces facéties dont nos pères, plus rieurs que nous ne le sommes à présent, ne se faisaient pas faute.

Ce relief était placé sur une maison anciennement occupée par un *épicier-moutardier*, et située dans la rue du Châtel. Il est conservé au Musée d'antiquités de la ville. Le dessin que nous en donnons ci-après nous a été fourni par M. Mathon de Beauvais.

La *Folie*, tient des deux mains un long bâton dont elle se sert pour remuer la moutarde, tandis qu'un singe, au rire sardonique, se dispose à y jeter comme assaisonnement ce que vous pouvez deviner.

Il y a fort peu d'années, on voyait encore dans la grande place, au-dessus de la porte de la *Maison des quatre fils Aymon* (hôtellerie), un bas-relief représentant ce sujet, lequel est aujourd'hui entre les mains d'un amateur.

Bourges nous a fourni quelques Enseignes remarquables dont nous devons la connaissance à M. Girardot, conseiller de préfecture du département du Cher, et à M. Jules Dumoutet, sculpteur et archéologue distingué. Nous signalerons d'abord celle que l'on voit dans la rue des *Trois-Pommes*,

et qui a donné son nom à cette rue. Dans la maison qui porte cette Enseigne, on remarque un écu chargé d'un compas et de trois pommes, deux et une. Ce sont sans doute les armes du propriétaire, lesquelles ont fourni l'idée de cette Enseigne.

Nous citerons ensuite l'Enseigne du *Barbeau*, dans la *Cour du Barbeau*, section de Saint-Privé. Elle consiste en un poisson sculpté en fort-relief, en pierre, et au-dessous duquel on lit, en caractères gothiques :

Au Barbeau Corouea.

Il existe encore à Bourges deux sculptures en bois assez curieuses. C'est d'abord l'écusson de la poissonnerie bâtie par la ville au XVe siècle. Cet écusson est chargé de *trois poissons* placés l'un sur l'autre, les têtes en haut; une à gauche, une à droite, la dernière au milieu.

Les poissonneries de plusieurs autres villes présentent de semblables insignes. Ainsi à Chartres, un *Saumon* est sculpté sur la poutre d'une maison de la place de la Poissonnerie. A Rouen, une Enseigne relative au même sujet et que nous avons déjà rapportée, existe à la place du Vieux-Marché où se vend le poisson.

C'est enfin un pilier d'angle, sculpté de *trois flûtes* énormes, prises dans une seule pièce de bois, au coin des rues Joyeuse et Bourbonnoux.

Nous terminerons cet article en consignant ici quelques rues de Bourges, qui ont emprunté leurs noms à des Enseignes. Telles sont les rues *Samson*, *du Grand-Saint-Christophe*, *du Dieu d'Amour*, *du Tambourin d'argent*, *de la Femme qui accouche*, *du Cheval blanc*, *de la Sirène*, *de la Cloche verte*, *de la Cornemuse*, *de la Croix de bois*, *Mère de Dieu*, *des Trois Bourses*, *du Puits de Jouvence*, *de la Petite Armée*, *de la Grosse Armée*, la place *des Quatre Piliers*, et la cour *du Chapeau rouge.*

A Caen, outre les Enseignes de *la Pêche miraculeuse* et du *Cavalier*, que nous avons citées plus haut, pages 22 et 23, nous trouvons rue Notre-Dame, et contre l'église Notre-Dame, une maison en pierre, du XVIIe siècle, appelée l'auberge de *la Croix de Fer.* A la façade qui regarde la rue, on voyait une croix de fer de l'époque de la maison. Cette croix a été retirée de la place qu'elle occupait, il y a deux ans.

Rue de Baïeux, la deuxième maison à droite en montant, est l'ancienne auberge de *l'Agnus Dei*, qui a conservé son Enseigne représentant l'Agneau Pascal avec sa croix.

M. de Caumont rapporte, dans son Cours d'antiquités monumentales, que l'on voyait à Caen, sur le quai, plusieurs maisons de commerce datant d'une époque assez ancienne, et qui avaient encore leurs Enseignes formant bas-relief au-dessus de la porte.

A Douay, rue de la Cloche, nº 40, une *Cloche* avec son battant est sculptée en demi-relief sur le mur à l'appui d'une fenêtre du premier étage, avec cette suscription : A LA CLOCHE. Le même sujet est reproduit deux fois aux pans coupés de la maison.

On voyait naguères encore à Doullens quelques anciennes Enseignes, telles que *les Bons Enfants; les Trois Marchands* (que l'on rencontre assez souvent); *le Pélican*, qui décorait la porte d'une très vieille auberge. Cette dernière Enseigne existait jadis à Rouen dans la rue Malpalu, sur deux auberges : *le Grand Pélican* et *le Petit Pélican*. Doullens ne possède plus aujourd'hui que *les Quatre fils Aymon*. C'est une vieille Enseigne en fer peint.

Ce sujet des *Quatre fils Aymon* a été reproduit dans bien des villes, à Beauvais, à Blois, à Lille, à Valenciennes, etc. Nous le retrouvons encore à Evreux. C'est même la seule Enseigne qu'il y ait aujourd'hui dans cette ville. Elle est sculptée en bois sur une maison de la Grande-Rue, et nous a paru mériter les honneurs de la gravure.

Les Quatre fils Aymon sont représentés ici casque en tête, cuirassés et armés, montés sur le même cheval qui est bardé de fer.

L'un porte une hallebarde, l'autre une rondache; le troisième a la main appuyée sur un long poignard appelé miséricorde, et le quatrième saisit une épée.

L'armure du cheval est composée de cinq pièces, savoir : du *chanfrein*, espèce de masque ou de petit bouclier modelé sur la forme de la tête du cheval, et s'y appliquant exactement; de la *crinière* ou *barde de crinière*, pièce composée de tasseaux articulés et mobiles qui protégeaient la partie supérieure du cou; du poitrail ou *devant de barde*, ainsi que l'appelle une ordonnance de de Henry II de l'an 1549, et des *flançois;* la première de ces pièces garnissait le poitrail et les deux autres les flancs du cheval. Ce sujet est encadré dans un paysage qui présente à gauche une église et à droite un fort.

Nous devons le dessin de cette précieuse Enseigne à l'obligeance de M. Raymond Bordeaux, avocat et archéologue distingué de la ville d'Évreux.

Nous possédons les noms d'un grand nombre d'Enseignes qui appartenaient à des maisons ou à des hôtels de la ville d'Évreux, aux XVe et XVIe siècles. Ainsi nous trouvons pour l'année 1440 :

la maison *du Chariot*, laquelle a donné son nom à la rue du Chariot; la maison *du Cheval noir*; — *des Balances*; — *de la Dance*; — *du Soufflet*, *de la Corne de Cerf*; — *de l'Escu de France*, assise au bourg *ou soulait demeurer le vicomte d'Évreux*; — *de la Pie*; — *de la Fleur de Lys*; — *de la Heuse* (botte); — *du Croissant.*

L'hostel *du Cheval rouge* (1455); l'ostel *du Grand Cerf* (1468); la maison *du Griffon* (1460); les maisons *de la Seraine* (Sirène), *du Plat d'étain*, *du Carolus*, *des Troys Roys* (1500); *l'Ours bâté* (1529), etc.

Voici de plus une liste des hôtelleries d'Evreux, en 1550 :

Le Lyon d'Or, *le Petit Verdier*, *le Gros Milan*, *la Croce* (la Crosse), *la Sereyne* (la Sirène), *la Truye qui fille*, *Sainct-Michel*, *le Pellerin*, *la Croix d'or*, *les Troys Roys*, *la Rose Rouge*, *le Boys joly*, *la Cachemarée*, *Sainct-Estienne*, *Saincte-Barbe*, *le Signe de la Croix*, *Sainct-Martin*, *les Flacons*, *l'Esprevier*, *la Fleur de Lys*, *l'Estendart*, *Sainct-Pierre*, *la Corne de Cerf*, *Sainct-Adrian*, *le Petit Cordier*, *le Belin.* (1)

(1) Document communiqué par M. Chassant, bibliothécaire de la ville d'Évreux.

Gamaches (Somme). — Sur une vieille Enseigne pendante, en tôle ou en fer, est représenté un barbier dans l'exercice de ses fonctions, avec cette inscription : AU BARBIER DE SÉVILLE, par allusion, sans doute, à la pièce de théâtre si connue sous ce nom.

On remarque au Mans, dans la Grande-Rue, n°s 18-20, une maison gothique en bois, à deux étages formant saillie l'un sur l'autre. Sur les poteaux d'encorbellement du rez de-chaussée, sont sculptés deux personnages hauts de 70 centimètres environ, et vêtus comme au XVe siècle. Entre eux s'élève un écusson sur lequel on lit l'inscription suivante, tracée en caractères modernes et à l'encre : AUX DEUX AMIS. Un troisième personnage portant un ballot sur le dos nous paraît être un voyageur.

Nous pensons que cette maison était une hôtellerie.

Nous signalerons encore, place de l'Éperon, l'Enseigne du *Pélican*, sculptée en pierre sur la grande porte de l'auberge de ce nom.

Deux autres Enseignes, *l'Écrevisse* et *la Truie*

qui file, ont disparu dans ces dernières années. Elles avaient donné leur nom à deux rues de la ville.

La première décorait un gros pilier de l'époque de la Renaissance, à la maison rue de l'Écrevisse, nº 10. On voit encore à présent une *Écrevisse* sculptée au-dessus d'une décoration de cheminée du temps de Louis XV, au rez-de-chaussée de cette maison dite de *l'Écrevisse*.

La seconde de ces Enseignes existait rue de *la Truie qui file*. Elle consistait en un fort relief du XIVᵉ au XVᵉ siècle, sculpté sur les montants en pierre d'une porte, et représentant une *Truie* tenant une quenouille et filant, sans doute par allusion aux singes, aux chiens et autres animaux savants de cette époque.

Lille possède encore un grand nombre d'Enseignes des XVIIᵉ et XVIIIᵉ siècles. Nous n'en citerons que quelques-unes :

AU GRAS BOEUF DE FLANDRES, sur une tablette en pierre appliquée au mur d'une maison située près du Palais des Archives. (fin du XVIIᵉ siècle.)

AUX QUATRE FILS AYMON, relief de petite proportion; maison de la fin du XVIIe siècle, rue de la Barre, n° 55, à l'angle de la rue de la Hattoterie. Ce sont toujours quatre cavaliers enfourchés sur le même cheval.

Le Marteau d'or, rue du Bois de Saint-Etienne.

Le Sacrifice d'Abraham, rue des Prêtres.

Le Dragon, rue des Augustins.

Le Château de Namur, rue du Vieux-Marché-aux-Moutons.

La Catoire (Ruche), rue de Paris.

LE CHEDEUVRE DE PARIS, rue du Sec-Arembault, n° 33. C'est un petit relief représentant plusieurs personnages et une sorte de char surmonté d'une couronne.

A LA POIRE D'OR, même rue, n° 32. Une poire en relief et dorée est figurée sur deux côtés de la façade de cette maison.

Les Chats bossus, dans la même rue, tombée dernièrement sous le marteau.

Le Chevalier vert, rue de la Clef.

Les Trois-Mortiers, place des Guingans.

Le Puits doré, rue au Pétérink.

Le Saumon, marché anx Poissons.

La Victoire, rue Neuve.

La Barque d'or, rue des Mamulins, etc., etc.

A part la maison de la rue aux Fèvres, couverte de sculptures de l'époque de Louis XII, qu'une assez juste célébrité a protégée jusqu'ici, Lisieux a perdu, en grande partie, sa physionomie du moyen-âge. Cependant, nous avons été assez heureux pour y rencontrer, dans la rue de la Boucherie, un *Médecin* et un *Apothicaire* sculptés, chacun à part, sur les montants de la porte d'une maison de la fin du XVe siècle ou du commencement du XVIe.

C'est au crayon si correct de M. G. Bouet, de Caen, que nous devons la reproduction de cette Enseigne, et aussi le dessin de l'Enseigne du *Cavalier* dont nous avons donné la gravure page 23.

Le médecin, vêtu d'un long manteau, et la tête couverte d'un chaperon, regarde l'urine contenue

dans une bouteille qu'il tient d'une main, tandis

que l'autre est appuyée sur une escarcelle. Devant lui est un lutrin portant un livre ouvert.

L'apothicaire a dans les mains un tamis double. Une sorte de torsade très peu apparente, qui se trouve au milieu de la partie cylindrique, semble indiquer la place du crin.

Ces bas-reliefs, hauts de trente-cinq centimètres, sont fort curieux pour le costume et l'ameublement. Au-dessous de chacun d'eux, se trouve un écu dont les armoiries ont été mutilées; trois cornets font partie du blason que l'on voit au-dessous de l'apothicaire. Aussi la maison s'appelait-elle l'hôtel des *Trois Cornets*.

Par une coïncidence qui paraîtrait singulière, si l'on ne savait qu'au Moyen-âge et à la Renaissance les reproductions identiques étaient fréquentes, ce même sujet du médecin aux urines, avec l'accessoire du lutrin, se retrouve à la cathédrale de Rouen, côté à gauche du portail du nord, dit des Libraires. C'est le septième médaillon en remontant à la hauteur de la troisième grande niche vide de sa statue. Non loin du médecin que nous venons de signaler, on voit un sujet semblable, mais sous une forme épigrammatique. C'est une Oie dont la partie supérieure représente un homme tenant une fiole à la main.

Lyon est une des villes les plus riches en fait d'Enseignes; malheureusement la plupart de celles-ci ne remontent pas au-delà du XVIIe ou du XVIIIe siècle, et sous ce rapport elles peuvent offrir à l'antiquaire moins d'intérêt que beaucoup d'autres que nous avons déjà rapportées.

Nous citerons cependant parmi les plus remarquables :

Les Vertus théologales, admirable bas-relief, rue des Trois-Maries.

Le Merle, dans la rue du *Palais-Grillet*, à la magnifique demeure florentine qui porte le n° 10.

Le Petit Cheval blanc, rue Tupin n° 28; c'est l'Enseigne d'une charmante petite maison à consoles du temps de Louis XIII.

Le Bœuf, sculpté en ronde-bosse, rue de ce nom.

Le Bras d'or, grande rue Mercière.

Le Singe d'or pilant dans un mortier, rue de l'Enfant qui pisse.

Tous les droguistes des rues de l'Enfant qui pisse et de la Lanterne, tous les imprimeurs et libraires des Grande et Petite rue Mercière, avaient ou ont encore leur Enseigne figurée sur la façade de leur boutique.

Sur la maison dite du *Cœur volant*, grande rue Sainte-Catherine, est un cœur avec cette légende : AV COEVR VOLANT.

Rue Grenelle, on admire un magnifique cheval ronde-bosse, chef-d'œuvre de sculpture, orné de peintures.

Nous signalerons encore :

Le Louis d'or, quai de Retz.

Les Deux Vipères, Enseigne de Jehan de Tournes, imprimeur du XVIe siècle, rue Raisin.

SUNT SIMILIA TUIS. Deux paires de cornes, rue Bourg-Chanin et à Vaize.

La Cage, rue de ce nom, relief en pierre avec cette inscription : A LA CAGE MDCCXLIX.

AU CANONNIER, sur pierre également et en relief, rue Bourg-Chanin.

Enfin, *la Lune*, *la Lanterne*, *le Bât d'argent*, *la Bombarde*, *les Trois Carreaux*, *le Chapeau rouge*, sont toutes des Enseignes qui ont donné leur nom à la rue où elles se trouvent. (1)

(1) Nous devons la connaissance des documents qui précèdent à M. le chevalier Joseph Bard, inspecteur des monuments pour les départements du Rhône et de l'Isère, et à M. Louis Perrin, imprimeur à Lyon.

Il y a dix ou douze ans, on voyait à Nantes,

à l'angle d'une maison aujourd'hui détruite, qui

était située près de la place Sainte-Croix, la curieuse Enseigne d'un *apothicaire*. Elle consistait en un haut-relief, en bois colorié, d'environ un mètre de proportion, représentant un garçon apothicaire revêtu du costume en usage au temps de Louis XII, et pilant dans un mortier.

Le *Magasin pittoresque* (année 1839, p. 248), en reproduisant cette Enseigne par la gravure, a donné sur la boutique d'un ancien apothicaire des détails fort intéressants que nous croyons devoir rapporter ici pour l'édification du lecteur.

« Notre gravure, dit-il, représente la statue « en bois d'un pileur, qui formait l'angle d'une « maison aujourd'hui détruite, située près de la « place Sainte-Croix, à Nantes. La construction « de cette maison était postérieure au règne de la « duchesse Anne. Le rez-de-chaussée était une « apothicairerie à laquelle le pileur servait d'En- « seigne.

« Les anciens habitans se rappellent encore « parfaitement l'aspect de cette boutique d'apo- « thicaire. Le devant de la maison n'était pas plus « fermé que celui de beaucoup de petits magasins « d'épiceries en province. Une demi-porte de « deux pieds de large, s'ouvrant en dedans, don- « nait accès dans une chambre un peu noire. Des

« deux côtés il y avait deux comptoirs se faisant « face. De grands pots en terre bleue, consacrés « à la thériaque et à l'électuaire appelé Mithri- « date, ornaient la devanture. L'un des comptoirs « était entouré d'un châssis vitré; c'était là que « se tenait la maîtresse de la maison. Au-dessus « de l'autre se trouvait suspendu un étui tel qu'il « en existe encore un de cette époque dans la ville « de Nantes; il contenait une seringue, des ca- « nules et des pistons de rechange. Cet instru- « ment, qu'une bandoulière retenait au cou, « était celui que l'apothicaire emportait en ville. « Les poutres de la boutique étaient garnies de « pièces curieuses d'histoire naturelle, telles que « lézards empaillés, œufs d'autruche, serpents « de toute espèce. Les poteries n'avaient aucune « ressemblance avec nos poteries actuelles. Le « fond était garni de burettes à anche; elles ser- « vaient à mettre les sirops. Les étiquettes étaient « peintes sur faïence, on y lisait : *Syrop Alexan-* « *drin, Syrop de Rhubarbe, Syrop de Tortue ;* celui- « ci avait beaucoup de vogue. A cette époque, « le sirop de Maloët était très employé contre les « toux, les catharres; il a été ressuscité depuis, « après un oubli de longue durée, sous le nom « de *sirop antiphlogistique.*

« Des deux côtés de l'apothicairerie, on voyait

« des bocaux semblables à ceux qui garnissent « actuellement l'intérieur de nos pharmacies ; « seulement, au lieu des nouvelles étiquettes, « on lisait sur les bocaux : *Yeux d'écrevisses*, « *Écailles d'huîtres*, *Coquilles d'œufs*, *Vipères*, « *Cloportes*. Ces bocaux étaient les uns très pe- « tits et les autres très grands. L'un d'eux était « étiqueté : *Fragments précieux*, et contenait des « grenats, des émeraudes, des topazes, le tout « en fragments assez petits pour ne pas être em- « ployés en bijouterie. Ces substances entraient « dans la composition d'un fameux électuaire « qui, si notre mémoire est fidèle, s'appelait : « *Électuaire d'Hyacinthe*. Il est encore employé « aujourd'hui mais réformé.

« L'apothicaire était un vrai caméléon. On le « voyait tantôt dans sa boutique, le tablier vert « passé devant lui, une paire de ciseaux pendue « au côté, le gilet rond sous le tablier. Il était « l'homme important du quartier : c'était lui qui « mettait le voisinage au courant des nouvelles « du Château et de l'Évêché, ainsi que des déci- « sions de la communauté des bourgeois. Tantôt « en frac noir, l'épée au côté, s'il avait l'honneur « d'être l'apothicaire du gouverneur de Bretagne, « ayant dans sa poche le petit poëlon d'argent à « manche d'ébène, il allait dans les maisons qui,

« la veille, l'avaient fait prévenir, pour préparer « sur place la fameuse médecine noire, indis- « pensable à la santé de nos pères, et dont ils « regardaient l'usage comme devant être éternel.

« Cette sculpture en bois du *Pileur* avait été « d'abord donnée comme bois à brûler à un ou- « vrier; elle fut ensuite offerte à M. Lesant, phar- « macien, qui en a fait don au Musée de Nantes.»

Non loin du lieu où s'élevait la boutique de l'*Apothicaire*, une maison, située aux Changes, offre un angle décoré d'un relief qui est composé de trois saints personnages placés sous des dais gothiques.

C'est d'abord Saint-Saturnin de Toulouse, dont l'église paroissiale existait vis-à-vis de cette maison; à ses pieds sont les armes de la ville; puis Saint-Donatien et Saint-Rogatien, deux frères qui, jeunes encore, souffrirent le martyre à Nantes, au temps de la persécution de Dèce. Ils portent des écussons à trois hermines, deux et une, qui sont répétées sous leurs pieds. Ces armes étaient peut être celles du Comté Nantais. Au-dessous de ce relief, on lit cette inscription : AUX ENFANTS NANTAIS.

M. l'abbé Rousteau de Nantes, de qui nous tenons ces détails, soupçonne que ces figures ont été placées là après coup. Mais si la première intention du sculpteur n'a pas été d'en faire une Enseigne, elles ont du moins aujourd'hui cette destination par le fait

Neufchâtel (Seine-Inférieure). — En face du grand portail de l'église, se trouve une auberge qui a pour Enseigne *le Chapeau-Rouge.* C'est un chapeau de Cardinal, de demi-bosse, sculpté dans la pierre même, au-dessus de la porte charretière de la maison, et peint en rouge. Sous ce chapeau, sont peints les cordons entrelacés en losanges, et les houppes, insignes du cardinalat.

Orléans nous a fourni, parmi ses Enseignes du xvie siècle, plusieurs sujets sculptés en pierre que nous avons fait dessiner et graver.

Telle est l'Enseigne de *l'Ours*, marché à la

volaille, n° 4; ce petit bas-relief, sur lequel on lit en lettres sculptées : A LOVIS, est très bien exécuté en bosse.

Telles sont encore les deux suivantes :

Rue des Hôtelleries, n° 11, *la Carpe*, sculptée sur un joli cartouche du temps d'Henri II.

Rue de l'Ecrevisse, *l'Ecrevisse*, figurée en terre

cuite rouge, et encastrée dans un mur, base ancienne d'une maison démolie. Une étoile et un croissant, placés au-dessus de ce crustacé, indiquaient probablement que là on trouvait gîte de jour et de nuit.

L'enseigne du *Sagittaire*, rue de la Pierre-Percée, est un bas-relief en pierre très fruste et tout-à-fait dégradé.

Le *Bon-Pasteur*, rue Vieille-Peignerie, nº 9, est au contraire une sculpture assez bien conservée. Le nom de *Peignerie*, que porte cette rue, vient de ce qu'elle était jadis habitée par des fabricants de peignes.

On a recueilli, au Musée d'Antiquités de cette ville, une Enseigne de maison consistant en un médaillon plus large que haut, et sur lequel sont sculptés en bas-relief des vaisseaux voguant sur la mer. Au premier plan, on aperçoit des forts et des personnages de petite proportion sur le rivage.

Beaucoup d'autres curieuses Enseignes, entre lesquelles on distinguait : *Aux Lacs d'Amour*, *le Tabour* (tambour), rue du Tambour, *A la Fontaine de Jouvence*, etc., ont successivement disparu depuis vingt-cinq ans environ.

A Saint-Bertrand de Comminge (département de la Haute-Garonne), sur une porte en bois du XVIe siècle, le nom du propriétaire de la maison, BRIDEAU, est gravé au-dessus d'un cartouche, lequel représente, en manière d'armes parlantes, une *Bride* bien ajustée au milieu d'ornements.

Devant le portail de l'église Notre-Dame, à Saint-Lô (Manche), la maison dite de *Saint-Jean*, que l'on a démolie il y a trois ans, offrait à sa façade un Saint-Jean-Baptiste de grandeur naturelle en bois peint.

A Saint-Quentin, il reste encore quelques vieilles Enseignes sculptées que nous allons essayer de décrire le plus succinctement possible. Nous devons la connaissance de ces Enseignes à l'obligeante coopération de M. Ch. Gromard de Saint-Quentin, qui a bien voulu nous communiquer le résultat de ses recherches.

Nous trouvons d'abord *le Petit Saint-Quentin*, dans la rue Saint-Martin. C'est un bas-relief en pierre, sculpté au-dessus de la porte d'entrée, et enclavé dans la muraille d'une maison située à l'angle de la rue Saint-Martin et de la rue Sainte-Marguerite; il représente la scène du martyre de Saint-Quentin; de longs clous sont enfoncés dans les épaules du saint par des soldats Romains.

La tradition veut que cette maison ait été bâtie sur l'emplacement de la prison où saint Quentin fut enfermé par l'ordre de Rictiovare, et dans laquelle il subit les tortures qui lui furent infligées avant sa mort. Suivant un vieil usage consacré par le temps, et qui a subsisté jusqu'à la Révolution de 1793, le clergé, lors de la grande procession du lundi des Rogations, devait s'arrêter vis-à-vis de cette maison pour y chanter des antiennes. Pendant que l'on chantait, une jeune fille, vêtue de blanc et parée comme une épousée, venait déposer une couronne de fleurs sur les reliques du saint martyr portées à cette procession. Les bonnes femmes présageaient un heureux avenir pour cette jeune fille, que le saint patron prenait dès-lors sous sa protection (1).

Dans cette même rue Saint-Martin, les maisons du *Pot-d'Etain* et du *Chigne* (cygne) sont de très anciennes hôtelleries, qui portent encore leurs Enseignes, mais ce ne sont plus les vieilles Enseignes qui étaient jadis sculptées à leur façade.

Sainte-Magdeleine, rond point Saint-Jean, *la*

(1) *Augusta Viromanduorum illustrata*, par Cl. Héméri, p. 35.

Petite-Notre-Dame, rue du Collége, et *Saint-Eloy*, au faubourg d'Isle, sont de petites statues en pierre, placées dans des niches à la façade des maisons ainsi désignées.

L'Annonciation, bas-relief en pierre, représentant la Vierge à genoux et un ange debout devant elle, est enclavée dans la muraille d'une maison de la rue Sainte-Anne.

La Chaise, rue de la Prison, *le Panier-Fleuri*, rue Saint-Jean, et *la Nef-d'Or*, dans la rue de ce nom, sont des sculptures en pierre, placées au-dessus de la porte d'entrée des maisons dont elles sont les Enseignes.

La Maison de la Maîtrise et *l'Hôtel des Canonnière*, dans la rue de ce nom, sont aujourd'hui des maisons particulières, qui offrent à leur façade, l'une des trophées d'instruments de musique, l'autre des trophées d'armes, sculptés dans le mur.

On remarque encore dans la rue de la Sellerie trois maisons en bois, du XVIe siècle, qui ont conservé leurs vieilles Enseignes sculptées dans le cœur du plein bois, sur l'éperon de la poutre saillante de la rue. La première offre un *plat rond* avec cette inscription en lettres gothiques : **Au Plat-d'Argent** ; la seconde, *un cœur surmonté d'une couronne :* c'était la maison du *Cœur-Couronné*; la troisième présente au milieu de son Enseigne *un écusson* dont les armes ont été enlevées ; puis, sur le côté gauche, un *miroir* ou écusson, *surmonté d'un coq*, et, dans le champ, le millésime de 1574.

Enfin, dans la rue *Croix-Belle-Porte*, la maison de la *Croix-de-Fer*, bâtie en bois, en partie sculpté, et portant le millésime de 1582, avait pour Enseigne une *croix de fer* très curieuse, que l'on a dépendue en 1793, et que le propriétaire de cette maison a précieusement conservée.

Outre ces vieilles Enseignes, Saint-Quentin en possédait jadis un grand nombre d'autres, appartenant à d'anciennes maisons, dont M. Ch. Gromard a retrouvé les noms, soit dans les anciens registres des surcents dûs par les propriétaires de ces maisons, soit au chapitre de la Collégiale de Saint-Quentin, soit à l'Hôtel-de-Ville.

Il y avait :

Sur la grande place (1) : *l'Hôtel de l'Ange*, —

(1) Les noms des places et des rues ici mentionnées sont ceux qu'elles portent actuellement.

de la Paix, — *des Bassinets*, — *de l'Esperon*, — *de l'Ane-rayé* (*zèbre*), — *du Croissant*, — *des Pèlerins*, — *du Chat qui vieille* (*veille*), — *du Lion-Noir*, — *des Trois-Cornets*, — *de la Petite-Clef*, — *du Haubert*, — *de la Rose*, — *des Cornés*, — *du Griffon*, — *des Trois-Poissons*, — *de l'Ecrevisse*, — *de la Rotisserie*.

Dans la rue de la Sellerie : *la Maison des Chapelets*, — *de la Salamandre*, — *des Ecots*, — *des Trois-Rois-Mores*.

Dans la rue de la Prison : *la Maison de la Cloche*, — *du Vert-Bouquet*, — *du Daulphin-couronné*, — *du Poing-d'Or*, — *du Heaume*, — *de la Garbe* (*gerbe*), — *de la Chèvre*, — *Robert-Pourcelet*, — *de la Main-d'Argent*.

Dans la rue Saint-Martin : *la Maison du Vert-Chevalier*, — *du Panier-Vert*.

Dans la rue d'Isle : *la Maison des Quatre-Vents* (1), — *de la Ville-de-Noyon*, — *du Renard*,

(1) *La Maison des Quatre-Vents* existe encore aujourd'hui. Elle n'a pas d'Enseigne et n'en a jamais eu. Elle tirait, sans aucun doute, son nom de la position particulière qu'elle occupe à l'angle de quatre rues, qui correspondent aux quatre points cardinaux.

— du Cheval-Bayard, — de la Truie qui file, — — de la Couronne, — de la Seraine (Sirène), — de la Clef, — du Caulderon (chaudron), — de la Roue-de-la-Fortune, — des Quatre-Fils-Aimond.

Dans la rue Saint-André : *la Maison du Chef de Saint-Quentin, — de l'Espée, — de l'Image-Saint-Louis, — de Saint-Germain, — de Saint-Martin, — du Chat.*

Dans la rue de la Nef-d'Or : *la Maison du Moulinet.*

Dans la rue Saint-Jean : *la Maison de l'Atacque (l'Attaque), — du Gant-Doré, — de Philippe Grin, — du Mouton-Noir.*

Dans la rue du Gouvernement : *la Maison Quentin-Cambellain, — du Four-à-Fromages.*

Sur la place Campion : *l'Hôtel des Campions (champions).*

Dans la rue des Trois-Savoyards : *la Maison du Bout-du-Monde, — de la Coignée, — des Trois-Savoyards.*

Dans la rue de la Fosse : *la Charité-des-Pauvres.*

Dans la rue des Toiles : *le Papegai.*

Dans la rue du Collége : *la Maison du Sacrifice-d'Abraham.*

Dans la rue Saint-Thomas : *la Maison Fromantel* (*Froidmanteau*), — *la Brasserie-du-Cerf.*

Dans la rue de la Comédie : *la Maison de la Lampe*, etc.

A Sillé-le-Guillaume (Sarthe), sur le pilier d'angle d'une maison bâtie au XVIe siècle, vis-à-vis du château, on voit un bas-relief représentant un homme pilant dans un mortier. Ce personnage est peint de couleur verte, aussi bien que le pilier, et au-dessous du relief, sont gravés ces mots : AU PILIER VERT. C'était évidemment l'Enseigne d'un apothicaire.

On voyait, il y a quelques années, à Argentan, une Enseigne d'apothicaire semblable à la précédente.

Nous terminerons cette énumération en citant encore deux Enseignes assez remarquables qui existent à Valenciennes.

La première est *la Ville-de-Rome*, rue de Paris, n° 116, Enseigne qui a été rapportée d'une autre maison. Elle consiste en un bas-relief en pierre représentant une ville avec des clochers gothiques en pyramide, tels qu'on n'en a jamais vu dans la capitale de la chrétienté.

La seconde est *le Cheval volant*, sculpture en pierre, de l'époque de Louis XV, au coin de la Grande-Place et de la place du Commerce.

On voyait aussi jadis *les Quatre-Fils-Aymon*, sculptés sur la façade de l'hôtellerie de ce nom, et reproduits en Enseigne peinte.

On prétend que l'origine du nom de Valenciennes vient de *Vallée-des-Cygnes;* que c'est pour cette raison que les supports des armes de la ville sont des cygnes, et que la municipalité entretient de ces oiseaux dans les fossés de la ville.

Ce qu'il y a de certain, c'est que deux maisons de Valenciennes, situées l'une dans les murs, l'autre hors les murs de la ville, ont pris pour Enseigne : *la Vallée-des-Cygnes*.

Ici finit la tâche ingrate que nous nous étions imposée. Nous ne nous flattons pas d'avoir produit une œuvre parfaite; il s'en faut de beaucoup qu'elle soit complète. En effet, bien qu'elles soient devenues rares et qu'elles aient même totalement disparu dans quelques localités, il doit, sans aucun doute, exister en France et surtout dans nos départements du midi qu'il nous était impossible d'explorer par nous-mêmes, de vieilles Enseignes sur pierre ou sur bois, autres que celles que nous avons citées dans cette Notice.

Nous avions compté sur la coopération de plusieurs artistes et archéologues qui habitent ces provinces éloignées; ils n'ont pas répondu à notre appel. Peut-être n'avaient-ils rien à nous communiquer qui fût digne de figurer dans notre travail.

Au reste, nous n'avons jamais eu la prétention de faire connaître, sans en omettre aucun, tous ces signes indicatifs des habitations particulières, autrefois en usage. Nous nous sommes borné à recueillir, parmi les anciennes Enseignes encore existantes, celles qui nous ont paru les plus remarquables.

Quant aux Enseignes qui décoraient jadis nos maisons et qui ont été détruites, vouloir en dresser la nomenclature eût été une entreprise immense, sans une utilité bien réelle, et infiniment au-dessus de nos forces. En effet, il n'y a pas de ville de quelque importance, dont les archives n'eussent pu nous fournir une longue série de vieilles Enseignes. Mais ces détails, intéressants seulement pour l'histoire locale, nous auraient entraîné beaucoup trop loin et sans profit pour nos lecteurs. Nons avons dû les écarter de notre plan.

Si cependant nous avons fait une exception en faveur de quelques villes, telles qu'Évreux et St-Quentin, c'est que, d'abord, nous avions des matériaux sous la main, et que, d'une autre part, en énumérant longuement les richesses archéologiques que nous avions perdues, nous faisions par là ressortir davantage notre indigence actuelle.

Il était grand temps que nous prissions la plume. Encore quelques années, et grâce aux alignements et à la manie qu'ont aujourd'hui les propriétaires de vouloir rajeunir la façade de leurs maisons par de prétendus embellissements, il ne serait rien resté de ces petits monuments d'un autre âge, rien qu'un souvenir caché sous la poussière de nos archives municipales, etc.

Nous n'avons fait qu'effleurer un sujet qui n'avait pas, que nous sachions, été traité sérieusement avant nous. La matière est loin d'être épuisée, et nous nous estimerions heureux si notre exemple pouvait attirer l'attention des savants sur une branche de l'archéologie qui a été jusqu'à ce jour tout-à-fait négligée, et dans laquelle cependant on trouverait, nous le croyons, de précieux renseignements tant pour l'histoire locale que pour l'histoire générale des mœurs de notre pays.

APPENDICE.

INSCRIPTIONS, DEVISES, SENTENCES.

Des Enseignes aux Inscriptions, la transition nous a paru naturelle. Les unes et les autres ne se rattachent-elles pas intimement à la décoration des habitations particulières dont nous nous étions fait l'historien ? Nous avons donc cru pouvoir, sans trop nous écarter de notre sujet, placer ici cet appendice.

Notre second volume de la *Description historique des Maisons de Rouen* renfermait, ainsi que nous l'avons déjà dit, quelques inscriptions, sentences, etc.

Depuis cette publication, nous en avions recueilli un grand nombre d'autres, pour la plupart fort curieuses ; nous avons pensé qu'on ne les lirait pas avec moins d'intérêt que leurs devancières.

Nous allons en donner la transcription, en suivant l'ordre alphabétique de lieu que nous avons adopté déjà pour les Enseignes.

Abbeville. — Cul-de-sac Maiqualemberg, à côté de l'église Saint-Wulfran, sur la partie supérieure d'une petite porte qui a été rapportée dans un mur en briques, on remarque une inscription en caractères romains, dont le premier mot a été rogné en partie, lorsque l'on a encastré cette porte :

ORAGE AV CAMP DASSVR
PAIX EN MOIENNEVILLE(1).

Place Sainte-Catherine, n° 12, en face de la rue Vérone, sur une maison gothique en bois du commencement du XVIe siècle, à un seul étage surplombant sur le rez-de-chaussée, on lit cette sentence en caractères gothiques de grande dimension :

Rendz le bie po le mal car dieu le te comade.

(1) Moyenneville est un village près d'Abbeville.

Chaussée Marcadé, n° 2, à l'angle de la rue aux Pareurs, une pièce de bois, à-peu-près à hauteur d'homme, porte ces mots :

PAX HVIC DOMVI.

Nous trouvons encore dans la même ville la sentence suivante, gravée sur pierre :

STVLTA EST SAPIENTIA SINE DEO.

Elle est placée au-dessus des arcades à cintre surbaissé du rez-de-chaussée d'une maison du xve siècle, sise rue de l'Hôtel-Dieu.

Arques (Seine-Inférieure). — Sur la porte d'une maison particulière, on lit ces paroles :

Felix domus in qua non conqueritur de Maria Martha (1).

A Auxonne (Côte d'Or), nous avons recueilli plusieurs inscriptions et devises fort curieuses. Les voici avec l'indication des maisons dont elles ornent la façade; elles sont gravées en lettres capitales :

Maison Bourgain, rue de la Paix :

FAISONS . BIEN . ET . LAISSONS . DIRE . 1683.

(1) M. l'abbé Cochet.

Maison Devillebichot, rue en Arcis :

HUMILITÉ . ET . COURTOISIE . FAY . BIEN . ET . BIEN . TE . VIENDRA.

Même maison Devillebichot, en face de l'église :

NOUS . SOMMES . TOUS . MORTELS . ET . TOUS . HOMMES . SONT . SUBJETS . A . DIEU.

Maison Bernard, rue Guébriant :

BENEDICAT . DOMINVS . DOMVM . ISTAM.

Maison Carré, rue de l'Hôpital :

FELICITER . SAPIT . QUI . PERICULO . ALIENO . SAPIT.

Maison Saunil, médecin, rue Guébriant; à l'intérieur, dans la cour :

1593

RERUM . OMNIUM . VICISSITUDO.

DE . TOUTE . CHOSE . VICISSITUDE.

ANTONII . ARNULPHI . ET . SUORUM . VICISSITUDO.

Maison Luce Blando, au haut d'une glace de cheminée :

MENS . EADEM.

Toutes ces inscriptions sont renfermées dans un ovale, excepté celle de la maison Carré. C'est à M. Bernard Jacquinot, percepteur à Auxonne, que nous devons cette intéressante communication.

Avricourt, arrondissement de Compiègne (Oise). — Sur l'une des façades du château bâti de pierre et de brique en 1540, on remarque cette inscription en lettres gothiques :

Portio mea domine sit in terra viventium (1).

Bayeux (Calvados). — L'inscription que voici est tracée en caractères gothiques sur la porte de la première maison à gauche en entrant dans le cul-de-sac Glatigny :

Cy dedenz est l'auditoire
Ainsy que tous saver povés
Des causes du territoire
De l'archidiacre des Vés.

A Blois, rue Pierre-de-Blois, sur une maison en pierre du règne de Louis XIII, est gravée la maxime suivante :

VSV VETERA NOVA.

Rue des Ruillis, près de la Préfecture, une maison porte une longue inscription latine, que M. De la Saussaye a publiée dans son histoire de Blois.

(1) M. P. De la Mairie, de Gisors. — *Revue de Rouen*, juillet 1846.

A Bourgneuf-en-Retz (Loire-Inférieure), un écusson chargé d'un chiffre surmonte la porte d'une maison qui a été bâtie par le nommé Pierre Robard, en 1660, date inscrite au-dessous de l'écusson qui existait autrefois dans le pignon de cette maison. Le chiffre se compose d'un R, dont le jambage est surmonté d'une *croix*, et à droite duquel sont figurées une *étoile* et une *hermine*. A l'intérieur du bâtiment, le manteau en pierre d'une cheminée offrait cette inscription :

LA DEVISE DE PIERRE ROBARD EST QUE CHACUN EST LIBRE DE FAIRE CE QU'IL VEUT.

Ce personnage était Sénéchal de Bourgneuf.

Voici, sur cet écusson, une explication que hasarde M. l'abbé Rousteau, secrétaire de la Société archéologique de Nantes, à l'obligeance duquel nous devons ces détails et d'autres documents relatifs à la ville de Nantes, explication qu'il soumet au jugement des hommes habiles en fait d'interprétations.

Selon lui, la lettre R serait l'initiale du nom du bâtisseur Robard; la croix qui la surmonte indiquerait qu'il était chrétien ; l'hermine, qu'il était breton. Il renonce à rien dire de l'étoile.

Bourges (Cher). — A l'angle d'une maison

autrefois canoniale, située près de la Cathédrale, on lit sur une console :

ICY SE DONNE LE GRIS.

On voit pareille inscription, avec la date de 1616, sur une maison de Dun-le-Roi, dans le même département.

On a cherché les explications les plus extravagantes à ces deux inscriptions. M. de Girardot de Bourges, de qui nous les tenons, y voit l'indication des maisons où se donnait la fourrure, le gris, dont se revêtaient les chanoines pendant l'hiver. Quelque spécieuse que paraisse cette explication, nous ne croyons pas qu'elle puisse être acceptée.

L'hôtel de Jacques Cœur, bâti au XVe siècle, aujourd'hui l'hôtel-de-ville de Bourges, offre de tous côtés les armes et les emblêmes du célèbre argentier de Charles VII. Ils se composent de coquilles de pélerins de saint Jacques, et de deux cœurs avec la devise si connue, gravée en caractères gothiques :

A ♡♡ vaillans rien impossible.

Dans la même ville, rue des Vieilles-Prisons, nº 3 ; à l'intérieur d'un hôtel du XVIe siècle, d'une structure fort remarquable, on voit, au bas d'une tourelle, le buste de Pâris, roi de Troie, avec cette inscription :

PARISIUS FILIUS DE PRIAM REX TRECENTIUM.

Un des appartements de ce bel hôtel renferme une cheminée richement décorée d'arabesques et portant deux bas-reliefs qui représentent les devises de Louis XII et d'Anne de Bretagne, son épouse. Sur la plinthe du manteau de cette cheminée est gravée l'inscription suivante, tirée de l'Écriture :

MISERICORDIAS DOMINI IN ŒTERNUM CANTABO. (1)

A Cheminé-le-Gaudin, bourg du département de la Sarthe, on lit, au-dessus du linteau

(1) *Voyage de M. Gilbert à Bourges, en* 1829, brochure in-8 de 30 pages.

d'une porte, en lettres gothiques cursives du XVe siècle :

Par huic domni et habitantibus in ea.

Ces paroles sont celles que prononce le prêtre, suivant le rituel, lorsqu'il entre dans la chambre d'un malade auquel il apporte le viatique.

Daubeuf-Serville (Seine-Inférieure). Les deux tourelles qui accompagnent la porte d'entrée de la cour du château de Serville, sont extérieurement revêtues de sentences latines, dont les abréviations offrent parfois de véritables énigmes à déchiffrer.

Nous en donnons à peu près le *fac simile* avec la traduction française en regard. Ce monument nous paraît appartenir au XVIe siècle et à l'époque de François Ier.

SPVS . ORIS NRI . E . CHRI STVS . DNS	*L'esprit de notre bouche est notre Seigneur Jésus-Christ.*
DEFFESIO SVI IPSIVS DE IVRE NTRE	*La défense de soi-même est de droit naturel.*
DOMVS . E . CVIQ TVTISSIMV REFV GIV . PLERQ . FF . DE I-IVS . VOCA	*La maison est pour chacun le plus sûr refuge....* (Le reste est pour nous inintelligible.)

8

OS . NRM PT ʒ AD VÔS	*Notre porte vous est ouverte.*
DE DOMO . SVA NEMO . EXTRAHI DEBET . IN . L	*Nul ne peut être arraché de sa maison d'après la loi.*
QVIS . DABIT ORI MEO CVSTODIA SED ITIA FF - EO	*Qui donnera une garde à ma bouche?....* (Nous ne pouvons expliquer ce qui suit.)

Dreux (Eure-et-Loir). — Dans la cour d'une maison sise rue Rotrou (autrefois rue au Lait), et occupée par un avoué, on voit, au-dessus de la porte d'entrée, une courte inscription, gravée en caractères gothiques, et bien faite pour attirer l'attention :

Cessit Victoria victis.

Cette pensée fait allusion à la bataille de Dreux, livrée sous Charles IX, en 1562, que les protestants paraissaient avoir gagnée, et qu'ils perdirent.

Cette inscription se trouve immédiatement au-dessous d'un écu sculpté et peint mi-parti, ouge à gauche et blanc à droite.

Sur la clef de voûte est sculptée une *épée*

droite, la pointe en haut; celle-ci porte enfilées trois couronnes à fleurons, placées à des distances égales. Du centre d'intersection de ces couronnes se détachent, à droite et à gauche, trois branches ou rameaux simples, portant également enfilée, vers leur milieu, une couronne pareille aux précédentes; ce qui fait en tout neuf couronnes, trois sur la tige et six sur les rameaux. A droite et à gauche de l'épée, sont sculptées *deux cornes d'abondance* répandant des fruits et des fleurs; derrière les cornes d'abondance, on aperçoit des trompettes, avec leur draperie carrée en forme de bannière.

Madame Philippe Lemaître, auteur d'une histoire de Dreux qui vient d'être terminée, avance que ce sont les armes de la famille d'Albret. Elle ajoute, d'après le manuscrit de Dorat, qu'on voyait ces armes aux deux piliers de la porte d'une maison sise rue au Lait, léguée au Chapitre de Saint-Étienne par une dame Violot, et elle suppose que cette maison est celle de M. Roque, avoué.

Au-dessus des deux cornes d'abondance, s'élève à gauche une branche de chêne, et à droite une branche d'olivier. Sur la clef de l'entablement d'une croisée, est sculptée une Renommée.

Sur la clef de l'entablement d'une autre croisée,

dans l'arrière-cour, est sculptée une *main* sortant d'une large manche, et dont le doigt *medius* est mordu par un serpent se dressant au-dessus des flammes. Au-dessus de cette main, est écrit :

QUIS CONTRA NOS ? (1)

A Dijon (Côte-d'Or), une porte d'une maison située rue du Petit-Potel, offre la légende suivante :

DOMINVS . CUSTODIAT . INTROITVM . ET . EXITVM.

A Fécamp (Seine-Inférieure), en face du portail latéral sud de l'église ci-devant abbatiale, est encastrée dans la muraille d'une maison neuve une pierre ayant appartenu à la maison que celle-ci a remplacée ; sur cette pierre, sont gravés ces mots :

NVL . BIEN :
SANS PEINE ::
1618.

A Gray (Haute-Saône), rue du Marché, dans une maison de belle apparence portant la date de 1548, on lit cette devise :

SPES MEA DEUS. (2)

(1) Communication de M. Tilleul, ancien notaire, à Dreux.

(2) Extrait d'un article de M. C. Grouet, inséré dans *l'Abeille, Union catholique d'Alsace*, 19 août 1845.

Au Havre-de-Grâce, ville de création moderne, dont les premières constructions datent du règne de Louis XII, il existe, dans la rue du Grand-Croissant, une petite maison en bois portant le n° 19, digne d'être remarquée, car elle est la plus curieuse et la mieux décorée peut-être des anciennes maisons de cette ville, devenues si rares aujourd'hui. Sous l'encorbellement de l'unique étage de cette maison, sont sculptés des rageurs et des ornements courants, et au-dessus de la petite porte gothique, sur le montant de laquelle sont représentées des coquilles, et dont la voussure aplatie est ornée de chardons, on a gravé cette maxime tirée d'un psaume :

INITIVM SAPIETIE TIMOR DOMINI

Au Mans, rue de la Tannerie, n° 67, sur la partie restante du collége bâti dans le style de la Renaissance, on lit, au-dessus d'une fenêtre du premier étage :

MEMETO FINIS ECCLE CI 36,

et, sur la fenêtre du deuxième étage :

SAPIENTIA O.....

Le reste de l'inscription manque.

Lyon. — Sur la maison Grande-Rue-Mercière, n° 39, on lit cette devise :

FABER . EST . QVISQVIS . FORTVNAE . SVAE

(Léonard Bisset, 1610).

Sur la maison de Lupé, rue Belle-Cordière, n° 27, est une magnifique inscription que voici :

ASSVMPTA . EST . MARIA . IN . COELVM -

M.DCXLV. (1)

Mentheville (Seine-Inférieure). — Une tablette de pierre, placée sur la cheminée d'une maison en bois, offre l'inscription suivante en caractères gothiques :

En un dur temps et plain daffliction
Pierre Bailleul fist bastir celte maison
Ou maintz poures gens ont gaigné leur vie
Dieu en soit garde et de la compagnie
m vᶜᶜ iiiiˣˣ et un (1581).

Une seconde inscription, non moins curieuse que la précédente, orne la cheminée en pierre d'une chaumière située non loin de l'église du village. Au-dessous de cette inscription est gravé le chiffre du propriétaire-constructeur (Resné Delanné), avec la date de 1612 :

(1) M. Joseph Bard, à Chorey (Côte-d'Or.)

EN CESTE PNTE
ANNEE CESTE MA
ISON A ESTE EDIFIEE
PAR RESNE DELA
NNE POVR LVI ET POV
R CES ENFANS AFIN
QVILS AIENT DE LVI
MEMORE EVERS IHS
LE TOVT PVISSANT
16 D 12

A Metz, rue du Passe-Temps, sur la façade d'un vaste hôtel de ce nom, construit en 1486 par Pierre Baudoche, ancien maître échevin de cette ville, était gravée cette inscription :

PASSE-TEMPS POUR GENS SOLACIER
EST NOMMÉE CESTE MAISON
QUI PAR AVANT LONGUE SAISON
SE NOMMAIT LE MOULIN GRANGIER.

A Moret, près de Fontainebleau, il existait une charmante maison, dite de François Ier, laquelle a été transportée à Paris en 1823, et reconstruite sur un nouveau plan dans les Champs-Élysées.

Dans la frise qui règne entre les deux étages, on voit représentées en bas-relief des scènes de vendange. Sur une petite porte est sculptée une Salamandre, ornement caractéristique de l'époque de François Ier.

Dans la corniche supérieure de la façade sont gravés ces deux vers :

QUI SCIT FRENARE LINGUAM SENSUMQUE DOMARE
FORTIOR EST ILLO QUI FRANGIT VIRIBUS URBES.

Moulins (Allier). — Les deux vers latins que nous citons plus bas se trouvent dans la maison portant le n° 11, rue des Grenouilles, au-dessus d'une porte dans le style de la renaissance :

UT NOS JUNXIT AMOR NOSTRO SIC PARTA LABORE
UNANIMOS ANIMOS OPERIT UNA DOMUS.

Sur la porte d'une maison située à l'angle occidental de la place de l'Horloge, on lit ces paroles :

HÆC DICIT DOMINUS J. H. S. :
QUAMCUNQUE DOMUM INTRAVERITIS,
PRIMUM DICITE : PAX HUIC DOMUI.

Sur le cul de lampe d'une tourelle, à l'angle de la rue Sainte-Claire et de la rue Traversière, on a sculpté sur un écusson une fleur de pensée, et au-dessus on a placé cette sentence :

PLUS PENSER QUE DIRE. (1)

(1) *Magasin pittoresque*, juin 1842.

Nantes (Loire-Inférieure). — La fenêtre centrale d'une maison du cours Saint-Pierre est décorée d'un cartouche portant une inscription qui faisait allusion à l'état de celui qui a bâti et occupé cette maison : c'était Minée, médecin, père de l'évêque constitutionnel de Nantes, intronisé en 1791. Voici cette inscription :

HIC DE VITA VITA.
1768.

Rue Richebourg, dans une maison dite *des Trois-Pendus*, on trouve cette sentence :

INTELLIGE
PRIVS QVAM
DISCVTIAS
1595

Trois bas-reliefs existaient, dit-on, autrefois rue de la Juiverie, à l'intérieur d'une synagogue qui a été démolie et remplacée par une maison dont la façade est aujourd'hui décorée par deux de ces bas-reliefs ; le troisième a disparu.

Ces sculptures sont placées dans des tableaux couronnés d'un fronton triangulaire.

L'une d'elles représente *la Fortune*. C'est une femme à mi-corps, dont la nuque est entièrement dépourvue de cheveux. Au-dessous de ce buste sont gravés ces deux mots :

QUŒRENDA EST,

auxquels doivent s'ajouter les deux lettres $\overset{A}{O}$ placées l'une au-dessus de l'autre dans le tympan du fronton. Le sens complet de cette charade est celui-ci :

A *super* O *quærenda est.*

Traduction :

Il faut la demander au ciel.

Le second bas-relief nous montre un homme assis, mais prêt à se lever et à courir, car déjà l'un de ses pieds est en l'air et l'autre est muni d'ailes; il tient à sa main une *tortue*, emblême de la patience. Au-dessous de ce sujet, se trouve l'inscription suivante :

EXPECTO DONEC VENIAT.

Le troisième bas-relief, qui a été détruit, faisait suite aux deux premiers. Il représentait un *serpent*, symbole de la prudence, attaché à un vieux tronc, et s'élançant delà vers un palmier chargé de fruits.

Au Neubourg (Eure), une maison, qui fait

l'encoignure de la grande place et de la rue de Conches, porte cette inscription :

L'an mil six centz neuf, l'on m'a élevée ici tout de neuf.

Nogent-le-Rotrou (Eure-et-Loir). — Dans la rue Saint-Laurent, existe une grande maison en pierre, dont la façade est décorée par l'inscription que voici, en lettres romaines de relief :

DE PIERRE BLANCHE
DVRANT FEBVRIER
IE FV FAICTE 1547.

Le propriétaire constructeur s'appelait Pierre Durand, sa femme Blanche Février, et la maison fut terminée en février 1547. Voilà l'explication de cette énigme à double sens, explication que nous avions oublié de donner, lorsque nous avons, pour la première fois, rapporté cette inscription dans notre *Description des Maisons de Rouen*.

A Orléans, sur plusieurs portes, on lit ces deux mots :

PAX HVIC (Paix à cette maison).

A Périgueux, maison au coin des rues de l'Aiguillerie et Saint-Louis. — Au-dessus de la porte, sous un écu effacé, se trouvent deux inscriptions en caractères gothiques, une troisième en caractères presque cursifs, et une quatrième en lettres un peu cursives et en lettres du genre de celles du XIIIe siècle :

Memento mori

Quisquis amat D... (Le reste est effacé.)

Suma
quidem
laus est
displicuisse
malis.

Domus
constructio
anno dni
1518
faciente altissimo. (1)

Rouen. — La façade d'une maison en bois, sise rue Ganterie, n° 65 bis, offre, au milieu de détails indiquant le XVIIe siècle, dont la traverse qui couvre le rez-de-chaussée est ornée, cette sentence inscrite en caractères romains :

AIME DIEV PAR DESSVS TOVTE CHOSE ET TON PROCHAIN COMME TOI-MÊME.

(1) *Antiquités de Vésone*, par le comte Wilgrin de Taillefer; Périgueux, 1826, t. II, p. 621.

Rue du Gril, n° 14, sur la pièce de bois qui règne au-dessus du rez-de-chaussée de cette petite maison, on aperçoit, mais difficilement, cette devise :

A MON DIEV MON ESPÉRANCE.

Ces mots sont répétés trois fois dans d'étroits listels ; sur l'un d'eux est sculpté un petit mouton, et sur un autre la date de 1674.

Rue de l'Hôpital, n° 1, près de la place Saint-Ouen. Au-dessous de l'appui d'une petite fenêtre, au rez-de-chaussée, est gravée cette devise en lettres romaines :

DNS . MICHI . ADJVTOR.

Rue Martainville, n° 88, sur la façade d'une maison qui fait l'angle de la rue de la Glos, on lit :

POVR TOVT ESPOIR
DIEV A MON AIDE.

A Saint-Dizier (Haute-Marne), une vieille maison en bois présente cette inscription, dans le goût du XIVe siècle :

STET DOMVS HEC DONEC FLVCTVS FORMICA MARINOS
EBIBAT ET TESTVDO PERAMBVLET ORBEM

HECTOR DESROZIERES SVIS LABORIBVS ŒDIFICARE ME FECIT 1371, 13 SEPTEMB. (1)

A Tonnerre (Yonne), au-dessus de la porte d'une maison de la Renaissance, est une inscription ainsi conçue :

NISI DOMINVS CVSTODIERIT DOMVM TVAM, FRVSTRA CVSTODIERIS.

Sur le fronton des fenêtres se retrouve la devise NISI FRVSTRA.

Verneuil (Eure). — La tourelle en encorbellement d'une maison du XVIe siècle, qui fait l'angle des rues Notre-Dame et du Pont-aux-Chèvres, porte cette inscription, en forme de rébus, gravée sous la corniche :

DONNE
TON . ♡ .
A DIEV .
P. A.

A la Ville-aux-Clercs (Loir-et-Cher), sur un château situé à trois lieues de Vendôme, on lit,

(1) P. de la Mairie, de Gisors. — *Revue de Rouen*, août 1846.

au-dessus de l'archivolte de la porte extérieure, bâtie vers le milieu du XVII° siècle :

HIC TERMINUS.

Traduction :

Ici le terme (du voyage).

Ce sera aussi le terme de notre travail et la fin de cet ouvrage.

TABLE DES MATIÈRES

CONTENUES DANS CE VOLUME.

Liste alphabétique des lieux cités pour leurs Inscriptions, devises, Sentences.

Rouen — Imp. de A. Péron.

www.ingramcontent.com/pod-product-compliance
Ingram Content Group UK Ltd.
Pitfield, Milton Keynes, MK11 3LW, UK
UKHW021156260726
13994UKWH00001B/499

9 782329 326665